AF282774

o

YO SOY

Meditaciones Eucaristicas

por

Concepción Cabrera

Con Introducción

"SOBRE LA AUTORA DEL LIBRO"

Concepción Cabrera de Armida
Yo Soy
Dominio Público

© James Mallory Frey Deemas 2025
Sobre la Autora del Libro

ISBN Libro en papel: 978-84-685-8997-8
ISBN eBook en PDF: 978-84-685-8998-5
Impreso en España
Editado por Bubok Publishing S.L.

Fotografía de la custodia cortesía de
T.H. Stemper Co.   https://www.stempers.com

ïndice

Sobre la Autora Del Libro

CONCHITA

Yo Soy fue escrito por una mujer mexicana excepcional: María de la Concepción Cabrera Arias de Armida; «Conchita» para los que siguen la Espiritualidad de la Cruz. Fue modelo de santidad como esposa, madre de nueve hijos, viuda y abuela. Aparte de este lado "normal" de su vida, ella fue la fundadora / inspiradora de las cinco Obras de la Cruz y una gran mística. Y por si fuera poco, también fue una prolífica escritora.

EL PRINCIPIO

María Concepción Cabrera Arias de Armida nació el 8 de diciembre de 1862 en San Luis Potosí, México. Sus padres eran personas de buena posición económica, excelentes Cristianos y una de las familias importantes de San Luis Potosí. Se esmeraron en la formación espiritual de sus hijos, inculcándoles el amor a la Virgen María, la Eucaristía y la práctica de la virtud. Así, desde niña, Conchita se inclinó hacia la oración y la santidad:[i]

Sentía gran inclinación a la oración, porque en mis penas de niña me encantaba esconderme a platicar con los ángeles, refiriéndoles lo que me apenaba y pidiéndoles ayuda para otros y para mí. Yo sentía en esto, en invocar a la santísima Virgen, mucho consuelo y plena seguridad de ser escuchada... A veces, por los caminos me iba saboreando con decir palabra por palabra las oraciones o plegarias al Santísimo Sacramento o a la santísima Virgen, que me aprendía de memoria... El campo, los pájaros, la naturaleza y aquella paz y aquellas puestas de sol, siempre me llevaban el alma a Dios desde muy niña. Me deleitaba la soledad de los bosques... A mí la naturaleza, como la música, siempre me ha llevado a Dios. Yo presentía dentro de mí casi sin conocerte, Señor, tu presencia, tu hermosura, tu poder y tu bondad.

ESCRITORA

Conchita fue una escritora prolífica. Su diario espiritual (Cuenta de Conciencia) consta de ~66,000 páginas manuscritas. Ademas, escribió 46 libros espirituales y numerosas cartas a familiares, obispos, sacerdotes y otras personas. En la Cuenta de Conciencia, la escritura de Conchita se ve frecuentemente interrumpida por "El Señor Habla", seguido de los discursos de Jesús sobre la religión y el mundo, las normas para sacerdotes y directores espirituales, aclaraciones teológicas, la misión de Conchita (expresada con amor), etc. Conchita comentó que a menudo escribía cosas que no entendía y que no podría haber inventado.

MISIÓN

La misión de Conchita de salvar almas, y especialmente de ser madre salvadora de sacerdotes, se realiza a través de toda su obra: sus escritos, fundación de las cinco Obras de la Cruz, sacrificios, meditaciones y oraciones, etc. Jesús le dijo:

> *Ofrécete en oblación por mis sacerdotes;[ii] únete a mi sacrificio para alcanzarles gracias. Es necesario que unida al Sacerdote Eterno, hagas tu papel de sacerdote, ofreciéndome al Padre y arrancándole gracias y misericordias para la Iglesia y sus miembros. ¿No recuerdas*

cuántas veces te he pedido que te ofrezcas de víctima, en unión de la Víctima por la Iglesia amada? ¿No ves que eres suya porque eres Mía, y eres Mía porque eres suya? Entonces, por la unión especial que tienes con mi Iglesia tienes derecho a participar de sus amarguras, y tienes deber sagrado de consolarla sacrificándote por sus sacerdotes . . . Eres altar y sacerdote[iii] al mismo tiempo, pues tienes contigo la sacrosanta Víctima del Calvario y de la Eucaristía, la cual puedes ofrecer constantemente al Eterno Padre por la salvación del mundo.

Y Conchita responde:[iv]

Todo lo he ofrecido, en unión de mi divino y amadísimo Verbo, por los sacerdotes tan queridos del Corazón divino. Soy de ellos, soy su leña y hasta el último dolor y aliento de mi existencia, lo ofrendaré en su favor. ¡Oh sublime misión de dolor y de amor que no merezco! Gracias, ¡Dios mío!, y en todos los sacerdotes te veré a Ti, Sumo y primer Sacerdote a quien tanto quiero amar.

Las meditaciones de Conchita reflejan en cierta medida la gravedad de las afirmaciones de Jesús, como vemos cuando describe el pecado como sólo un santo podría hacerlo, pero también nos habla de la angustia de Jesús cuando un alma se pierde:^v

Contrariando la gloria de Dios, el pecado produce una catástrofe en las almas; les arrebata su belleza que es un reflejo de la gloria de Dios, y su vida, que es una participación de la vida divina; les arrebata la felicidad; opaca en ellas la imagen de la Trinidad Santísima, las hace estériles y, lo que es peor, trueca en frutos de muerte los frutos de vida que debían producir; les impide una cadena de gracias que debían de recibir y otra cadena de bienes que debían hacer; las arranca del seno de Dios, del Corazón de Jesús, para arrojarlas en la ignominiosa tiranía de Satanás y las precipitaría al infierno, si Él, Jesús, no las detuviera a fuerz de amor y de dolor." [...] Como la madre que acaricia por último al hijo moribundo y que siente la terrible impotencia del amor ante el misterio

de la muerte, Jesús ha de haber acariciado por última vez --¡qué terrible expresión!-- con amargura indecible a las almas de los réprobos y sintiendo la espantosa impotencia de su amor, ante el misterio de la muerte eterna, ha de haber arrancado de su Corazón aquellos pedazos que habrían de caer para siempre en desgracia. ¡Oh Jesús! Nuestros pobres corazones se conmueven mirando de lejos tu incomprensible angustia y vislumbramos la lucha gigantesca, la agonía sin nombre de tu Corazón, que se nos descubrió un poco, un poco nada más, y hasta el fondo nuestra alma llega el eco desgarrador de tu Corazon: "Padre, si es posible pase de mí este cáliz . . ." Se necesitaba ser Tú para sufrir esa angustia desoladora, y se necesitaba ser Tú para añadir a las palabras de agonía el grito de tu amor heroico: "No se haga mi voluntad sino la tuya."

MUERTE de su HERMANO

Su hermano Manuel murió en un trágico accidente el 15 de septiembre de 1883. Estaba en la hacienda de Jesús María e invitó a su amigo Francisco Cayo a comer con él. Al terminar la comida, Cayo se levantó, pero luego se sentó a tomar su café. En ese momento, el gatillo de la pistola que llevaba en el cinturón se enganchó en la silla y se disparó. La bala entró por la mejilla de Manuel y salió por el cráneo, matándolo instantáneamente.

La repentina muerte de su hermano llenó de dolor a Conchita, la alejó de los placeres de la vida cotidiana y la encaminó hacia una relación más íntima con Jesús. Ella dice:

> *Yo sufría atrozmente;... Ahí le nació la vocación, ¡qué cosas, Dios mío! Fue muy cruel este golpe pero muy saludable para mi pobre alma, tan divagada y distraída; y aún para toda mi familia. Volví con el luto a darme más a Dios, a pensar más de cerca en Él, desprendiéndome de la corriente que me llevaba a las vanidades de la tierra.*

EL MONOGRAMA

A finales de 1893, Conchita expresó a su director espiritual su deseo de pertenecer a Jesús. Había visto cómo se marcaban los animales para identificar a su dueño. Así que le pidió que le permitiera grabar el pecho con el nombre de su Dueño. Finalmente, el sacerdote accedió a que Conchita lo hiciera el 14 de enero de 1894, festividad del Dulce Nombre de Jesús. Ella dice:

> . . . luego que lo hice sentí como si una fuerza sobrenatural me arrojara al suelo y con la frente en la tierra, en los ojos las lágrimas y el fuego en el corazón le pedía al Señor con vehemencia, con un celo devorador la salvación de las almas: ¡JESÚS, SALVADOR DE LOS HOMBRES, SALVALOS, SALVALOS!

A partir de ese día experimentó una creciente intimidad con Jesús que marcó una nueva etapa en su camino espiritual.

FUNDADORA

Ahora comenzaba el papel de Conchita como fundadora. Unos días desués de marcarse el pecho, tuvo una visión de la Cruz del Apostolado. Debido a la vision, ella inició el Apostolado de la Cruz, primera de las cinco Obras de la Cruz. El 3 de mayo de 1894,

8

la primera Cruz del Apostolado fue erigida en la hacienda familiar de Jesús María. Fue fundada canónicamente el 3 de mayo de 1895 por el Venerable Ramón Ibarra González, entonces obispo de Chilapa, Guerrero. La finalidad: unir los propios sufrimientos y trabajos a los de Cristo para continuar su obra de salvación del mundo.

Las otras Obras de la Cruz, son:[vi]

Religiosas de la Cruz

del Sagrado Corazón de Jesús: Mayo 3 1897

Alianza de Amor: Noviembre 8 1909

Fraternidad de Cristo

Sacerdote: Enero 19 1912

Misioneros del Espirito

Santo: Diciembre 25 1914

MATRIMONIO

Conchita se casó con Francisco Armida el 8 de noviembre de 1884 en el templo del Carmen de San Luis Potosí. Tuvieron nueve hijos durante sus casi 17 años de matrimonio: Francisco, Carlos, Manuel, Concha, Ignacio, Pablo, Salvador, Guadalupe y Pedro. Tres fallecieron: Carlos a los seis años, Pablo a los dieciocho y Pedro a los cuatro. Dos ingresaron a la vida religiosa: Manuel como sacerdote Jesuita y Concha con las Religiosas del Sagrado Corazón de Jesús. Los cuatro restantes se casaron. Convertirse en esposa y madre cambió su rutina diaria, pero aún así el matrimonio no era lo que esperaba. La recién casada dijo:

> Al ver, a pesar de todo lo bueno de mi marido, que el matrimonio no era aquel lleno que yo me había figurado, instintivamente mi corazón se fue más y más a Dios buscando en Él lo que le faltaba; pues el vacío interior había crecido a pesar de todas las felicidades de la tierra.

En 1886 llegaron a San Luis Potosí unas monjas del Sagrado Corazón y Clara, hermana de Conchita, pidió ser admitida. Al considerar esto, Conchita vio lo que era la vocación religiosa y se dio cuenta de que era imposible para ella. Esta inquietud no la abandonó. En 1891, su hermano Primitivo ingresó en la

Compañía de Jesús, lo que fue demasiado para Conchita. Con dolor y lágrimas escribió:[vii]

Perdóname, Señor, vaciar aquí lo que nunca ha salido de mi pecho. Es un desahogo del alma que se siente estallar si no lo dice. Son quejas del corazón, injustas, tal vez, pero que, sofocadas, hoy brotan a torrentes sin poderse contener. ¡Ah, mi Jesús!, Tú bien sabes a lo que me refiero... Tarde, muy tarde he conocido lo que hubiera hecho mi completa felicidad y llenado mis inclinaciones: el estado religioso. . . ¡ay!, yo creía encontrar la felicidad en la tierra, mis ilusiones creían tener límites, y veía en el matrimonio un horizonte dorado. . . .Puedo llamarme feliz, y, sin embargo..., ¡cuántas decepciones, cuántos sacrificios!... Creía llenar mi corazón con un hombre, y Dios sólo es capaz de llenarlo. Creía gozar en medio del mundo, y el mundo y todas sus cosas se me despegan causándome muchísima tristeza. ¿Por qué no hubo, ¡ay!, un alma que comprendiera mis inclinaciones y me diera la dicha completa de que hoy carezco? Tal vez, tal vez la hubiese escuchado..., y sería toda, toda de mi Jesús adorado... Cuando sola yo comprendí tamañas gracias desperdiciadas, era tarde, ya no tenía aquella pureza que hubiera ofrecido gustosa a mi Dios. (Aquí me ahogan las lágrimas). . . .

Tú lo sabes, Jesús mío. Siempre mis quejas han sido íntimas entre Tú y mi alma en siete años... y cuando mis lágrimas, reprimidas en mil ocasiones, se derramaban por fin de mis ojos, solamente las recogía un corazón, el Corazón de mi Jesús... Este secreto lo ha guardado mi alma, y sólo hoy que un hermano queridísimo (Primitivo) va a separarse de mis brazos para alcanzar la dicha incomparable de pertenecerle sólo a Dios, hoy, no puedo más. Y dando rienda suelta a mis sentimientos estampo aquí lo que sólo Dios conoce. ¿Será envidia? ¡Ah!, sí lo es, pero una santa envidia.

MUERTE DE SU ESPOSO

El esposo de Conchita murió en septiembre 17, 1901; dejandola sola con sus ocho niños. Ella dice:[viii]

El día 17 a las siete menos cinco minutos de la noche se llevó el Señor a mi esposo que me había dado en la tierra durante dieciséis años, diez meses y nueve días. El Señor me lo dio, el Señor me lo quite ¡Bendito sea su santo Nombre! Aquella horrible puñalada de la noche del 11, en la cual entendía sin querer entender, que el Señor me pedía el sacrificio de la Vida de mi marido, al cual el espíritu estaba pronto mas el corazón de carne luchaba y se resistía: aquel dolor dentro del cual, postrada, me ofrecí a la divina Voluntad, continuó, continuó creciendo a la vez que yo comprendía y veía las realidades del sacrificio. ... ¡Cuántas luchas, cuántas penas, cuánto sufrimiento! Aquella daga me traspasaba el alma sin lenitive, sin consuelo. Aquella noche me presentó el Señor el cáliz y trago a trago me hizo apurarlo hasta las heces.

PADRE FELIX

El tres de febrero de 1903 Conchita se enteró de la existencia de un santo sacerdote francés y sintió un fuerte impulso de verlo. Ella dice:[ix]

El día tres supe que existía en el Colegio de Ninas (nombre que se daba al templo de la Parroquia Francesa), un sacerdote, superior de los Padres Maristas, de muy buen espíritu. Esto lo supe a las cuatro de la tarde y no se que ansia me entró de hablarle de la Cruz...

Al día siguiente, cuatro, una fuerza interior me impulsaba a esa iglesia; fuí y llamé con boton electrico y al bajar un sacerdote desconocido que apenas vi, me acerqué al confesionario y me confesé. Sentí un impulse extraordinario para abrirle mi alma, para hablarle de la Cruz, de los encantos del padecer, de los primores del dolor. Yo veía, yo sentía el repercutir de mis sentimientos en su alma, veía como penetraban hasta el fondo mis palabras, que creo que entonces no eran mías, porque yo me oía hablar con un fuego, con una facilidad, con algo muy grande que no era mío, era de la Palomita divina.

Le hablé de las Obras de la Cruz y lo sentí enamorarse de ellas. Yo vi el fondo de su alma y sus actuales impresiones; desde luego sentí que aquella alma daría mucha gloria a Dios en sus Obras, lo sentí, en fin, herido por la Cruz, herido en lo mas hondo de su alma. Lo sentía yo impresionadísimo, santamente tocado en lo mas vivo del corazón. Le hablé del Oasis y me preguntó luego si en Mexico se encontraba y que si había para hombres.

No hay para hombres, le contesté, pero lo habrá.

Llegué a casa muy impresionada por aquel encuentro tan raro y que yo veía claro ser para la gloria de Dios; sin embargo, mucho le pedí al Señor que si no era su voluntad no me encontrara ni diera con la casa el Padre; pero preguntando y no se como llegó y nos saludamos sin conocernos; pero en seguida nos pusimos a hablar de Dios y de las Obras. Seguí viendo las impresiones del Espíritu Santo en su alma y sus anhelos de perfección; le propuse que si quería hacer al Señor una entrega total y accediendo, ansioso de su perfección, quede de *escribírsela para el día siguiente. Lo invité a presentarlo en el Oasis al día siguiente a las diez de la mañana y así nos despedimos.*

Sobre este sorprendente encuentro, el P. Rougier dijo:[x]

Me descubrió todos los pliegues y repliegues de mi alma. Me reveló mis pensamientos, y me dijo que era necesario que saliera yo del letargo espiritual en que me encontraba, y que me entregara con más decisión al servicio de Dios; que emprendiera una nueva vida. . . . Yo estaba estupefacto, conmovido, y agradecido con Dios, cuyos llamados había desoído tantas veces, y que, repentinamente, me estaba tendiendo la mano. . . . Esa señora desconocida, me habló de cosas de mi vida que es imposible que ella hubiera podido conocer naturalmente.[xi]

RELIGIOSOS de la CRUZ

El 9 de abril Conchita informó al P. Felix que él debía ser el fundador de los Religiosos de la Cruz. Su respuesta fue, *"Y desde ese día no he tenido la*

menor duda de que Dios me llama a esto" (carta del
P. Félix a P. Antonio Martin, Superior General de su
Congregación.)[xii] Sin embargo, el fruto de este
encuentro no se materializó hasta años después. El
Padre Félix regresó a Francia para obtener permiso
de su superior de abandonar la Orden Marista y
fundar los Religiosos de la Cruz. Su solicitud fue
denegada. El Padre Martín le ordenó no tener nada
que ver con la fundación de la nueva congregación y
le prohibió cualquier contacto con Conchita.
Posteriormente, fue enviado a la casa de los
Maristas en Barcelona, España. El padre Félix
respondió, "Iré con mucho gusto, pues estoy seguro
de hacer la voluntad de Dios, y no quiero otra cosa."
Y Conchita, al recibir esta noticia, escribió lo
siguiente al Superior General:[xiii]

*Recibí una carta del P. Félix, en la cual me avisa
de su traslado a Barcelona y de la prohibición
de volverme a escribir. Muy bien, mi respetado
padre, no tema que yo contraríe su voluntad
en lo más mínimo. Ud. está en el deber de
tomar el camino que le parezca más prudente.
Pero espero que el Señor le hará conocer la*

verdad de su deseo.

ENCARNACIÓN MÍSTICA

El 25 de marzo de 1906, Conchita recibió la gracia suprema: la Encarnación del Señor en su corazón. Este acontecimiento comenzó con estas palabras de Jesús:[xiv]

> *Aquí estoy, quiero encarnar en tu corazón místicamente. Yo cumplo lo que ofrezco; he venido preparándote de mil modos y ha llegado el momento de cumplir mi promesa: Recíbeme.*

Conchita contestó:[xv]

> *Sentí un gozo con vergüenza indecible. Pensé que ya lo había recibido en la comunión, pero como adivinándome continuó:[xvi]*

> *No es así; de otro modo además hoy me has recibido. Tomo posesión de tu corazón; me encarno místicamente en él para no separarme jamás. Sólo el pecado podrá alejarme de ti y te advierto que también toda criatura que lo ocupe mermará mi presencia real, digo, sus*

efectos, porque Yo no me puedo mermar.

Y la conversación continuó,

"Esta es una gracia muy grande que te viene preparando mi bondad, humíllate y agradécela."

"Pero Señor", me atreví a decirle, "¿qué lo que me habías ofrecido, lo que me habías pedido, no eran unos desposorios?"

"Esos ya pasaron: esta gracia es infinitamente mayor".

"¿Es el matrimonio espiritual, mi Jesús?"

Es más, porque el matrimonio es una especie de unión más exterior; pero encarnar, vivir y crecer en tu alma, sin salir de ella jamás; poseerte Yo y poseerme tú como en una misma substancia, no dándome sin embargo tú la vida, sino Yo a tu alma, en una compenetración que no puedes entender, esta es la gracia de *las gracias. Esta es una unión mística muy grande y elevada, la más grande que puede existir y no es de otro modo la del cielo, salvo que entonces se descorre el velo de la divinidad, pero como la divinidad no se aparta de Mí, la unión, la estrechez de la nada con el todo, es lo mismo.*

Y sentía yo de veras una unión con El viva y palpitante en mi alma, con los efectos que deja la comunión, pero más intensos y le dije sin embargo, "Ah, mi Señor, si será todo imaginación y mentira!"

"Por los efectos posteriores lo conocerás", me contestó, y prosiguió: "qué fidelidad exijo de ti, llevarme siempre con presencia real, efectiva, en tu alma. ¡Oh qué gracia de predilección! Contigo he derrochado mis gracias porque en tu alma he tenido un fin."

Al terminar este acontecimiento supremo, Conchita concluye:[xvii]

Parece que despertó mi alma de un sueño. Parece que al introducirse mi Verbo en mi alma me ha introducido en una nueva morada más secreta y escondida, más íntima y luminosa en donde habita el Amado...

Vuelvo a mi casa a cumplir mis deberes y a ver criaturas que me roban tu tiempo y a tener cierto contacto indispensable con el mundo. Pero así lo quieres Tú, así lo quiero yo. . . . Vine sola y me voy con El...

Tras la encarnación mística, la fecundidad espiritual de Conchita aumentó; fundó la Alianza de Amor con el Sagrado Corazón de Jesús en 1909 y la Fraternidad de Cristo Sacerdote en 1912. También disfrutó de una intensa intimidad con Jesús:[xviii]

. . . pasamos las horas en oración mi Jesús y yo; en esas miradas del alma, silenciosas y mudas, que todo se lo dicen . . . que encierren mil mundos de ternura . . . que se comunican mutuamente calor, fuego y divinos ardores.

ROMA

Dado que tanto la aprobación de los Religiosos de la Cruz como la resolución de la situación del Padre Félix parecían posponerse indefinidamente, el arzobispo Ramón Ibarra de Puebla (director espiritual de Conchita) decidió contactarse directamente con Roma. Para traer a Conchita a Roma, aprovechó una peregrinación a Egipto, Tierra Santa y Roma. Tras un recorrido por Egipto y Tierra Santa, llegaron a Roma, su verdadero destino. Conchita dice:[xix]

> *Hemos llegado por fin a la Ciudad Santa. Después de Jerusalén es lo que me interesa. Aquí van a librarse las luchas y el triunfo o la derrota de las Obras de la Cruz. El decisivo final. Mas, ¿para qué dudar si el Señor ha querido que venga y me ha dicho que pasaré humillaciones y sufrimientos pero que las Obras tocan a su fin y triunfarán? Fe y confianza. Dios sabe cumplir sus promesas y nunca desampara al que confía en El.*

PIO X

Al día siguiente Conchita tuvo una audiencia con el Papa Pío X:[xx]

Llegó la hora, me llamaron y me presenté ante el Vicario de Jesucristo en la tierra. No sé qué emoción sentí. Estaba en su escritorio con Mons. Ramón Ibarra enfrente, yo me arrodillé llorando y él me habló. Por fin me repuse y él me dijo que qué le pedía.

"Yo le pido a Su Santidad que apruebe las Obras de la Cruz".

Esto le decía sin soltarle su mano contra mi cara.

"Están aprobadas, no temas, y te doy una bendición muy especial para ti, para tu familia y para las Obras".

"Santísimo Padre," le dije, "yo no quiero ser estorbo para las Obras, que me quiten y no me tomen en cuenta."

"Ya hablé con Monseñor y todo se arreglará este año".

Me veía los ojos con su mirada penetrante y dulce, y yo sentía como si estuviera a los pies de Nuestro Señor. Varias veces me dijo: "Prega per me", me decía. Me puso su mano en la cabeza. Me atreví a tomarle su pectoral y besárselo. Le besé también su pie; me volvió a bendecir. Yo salí radiante y feliz, dándole gracias a Dios. ¡Oh fecha preciosa, inolvidable! ¡Oh Dios mío, bendito seas!"

MISIONEROS del ESPÍRITU SANTO

Para enero de 1914, el Papa Pío X aprobó la fundación de los Religiosos de la Cruz y se resolviéron los problemas que impedían que el Padre Félix fuera el fundador de la nueva orden. El Papa Pío X determinó que la nueva orden se llamaría "Misioneros del Espíritu Santo" y que el Padre Félix no sería miembro de ella. Sin embargo, ese dificultad se resolvió cuando el Padre Raffin, superior de los Maristas, accedió a prestar al Padre Félix para la fundación de la nueva orden. Finalmente, el 25 de diciembre de 1914, la fundación de los Misioneros del Espíritu Santo se hizo realidad. Previamente, cuando el Papa Pío X dio su aprobación, Conchita dijo:[xxi]

> *Mi alma salta de alegría y me parece un sueño, ¡Dios mío, Dios de mi vida! Dieciocho años que lo anunciaste, y cuántas penas, dolores, penitencias, esperanzas deshechas, sangre, oraciones, calumnias, envidias y persecuciones y lágrimas ha costado! Pero todo es poco pensando en que ha sido para depurar tu Obra, para tu mayor gloria".*

CONCHA

Después de la alegría y satisfacción de la fundación de los Misioneros del Espíritu Santo, Conchita fue bendecida con otra experiencia gozosa: el 23 de octubre de 1916, su hija Concha hizo la profesión de votos perpetuos en la congregación de las Religiosas del Sagrado Corazón de Jesús. Conchita declaró:[xxii]

> *Día feliz e inolvidable, ¡Teresa de María, mi hija Concha, es ya perpetuamente Esposa del Señor! Desde que comenzó a hablar le enseñé a decir*

que sería "Esposa de Cristo" y se ha consumado esa unión con el Rey del cielo y de la tierra!

SOLEDAD

Cuando el director espiritual de Conchita, Monseñor Ramón Ibarra, murió el 19 de febrero de 1917, Jesús le dijo que experimentaría la soledad de la Virgen María:[xxiii]

A ti te queda por recorrer la última etapa de tu vida, imitando a María y alcanzando gracia para las Obras. Vendrán tempestades para ellas como para la Iglesia, pero triunfarán siendo tu corona. Animo y valor que sólo he hecho continuar mi voluntad en ti. Hazte cargo de tu papel, imita las virtudes de María en su soledad, que aumentó su unión Conmigo, su adhesión a mi voluntad y sus ansias por el cielo"

Y Conchita respondió:[xxiv]

Al regresar de las exequias de Monseñor Ramón Ibarra, con la frente apoyada contra el Sagrario, el corazón destrozado, me ofrecí a la voluntad divina. Entonces comenzó para mí la gran "soledad" y, con ella, la última etapa de mi vida. . . . Recorro mi vida, tomo el pulso a mi corazón, veo mis cariños, ¡pasaron!, sus anhelos más ardientes, ¡pasaron!, sus vanidades y hasta pecados y desorden de operaciones y exagerados ardores por tal o cual cosa, ¡pasaron, pasaron! Yo quise mucho a mi marido, ¡pasó! Yo anhelé con viveza ser del Oasis, ahora me es igual ser o no ser, morir ahí o morir en un muladar, en mi casa, sola, acompañada, querida o aborrecida, honrada o despreciada. Sólo anhelo que en mi se cumpla la voluntad divina.

EJERCICIOS ESPIRITUALES

Durante los últimos años de la vida de Conchita, de 1925 a 1936, cada año su soledad era brevemente interrumpida por ejercicios espirituales bajo la dirección de Monseñor Luis María Martínez, Obispo Auxiliar de Morelia. Estos ejercicios son el ne plus ultra de su espiritualidad, con sus diálogos íntimos y su teología precisa. Un ejemplo es la siguiente expresión del amor de Conchita por Jesús:[xxv]

Ay mi Jesús, mi Jesús, calor de mi existencia, palpitación divina de todo mi ser, mi aliento, mi vida, mis arterias, mi sangre, mi vitalidad, mi todo! ¿Qué haré Contigo que me matas y me das la vida, que me robas el corazón y que me devuelves con el tuyo; que llagas a toda mi alma, y eres a la ves el bálsamo que la cura? ¿Verdad que nunca ya te apartarás de mí, ni en vida ni en muerte ni en eternidad? ¡Te quiero con locura, con delirio, con pasión inmaculada y santa!

FIN

Concepcion Cabrera murio el 3 de marzo 1937. Fue declarada Beata el 4 de mayo 2019 en la ciudad de Mexico.

Fin de la breve biografía de Conchita.

YO SOY

Meditaciones Eucaristicas

por

Concepción Cabrera

PRÓLOGO

Siempre me han hecho estremecer las palabras de nuestro Salvador cuando dijo:

"Felipe, ¿tanto tiempo hace que estoy con ustedes y todavía no me conocen?"[1]

Me parece que de todos los sagrarios sale esta sentida queja de Jesús: ¡tanto tiempo y no me conocen!

Más, ¿por qué no le conocemos? Porque no pensamos en Él, ni le amamos lo suficiente.

Pero, ¿acaso por nosotros mismos seríamos capaces de conocerle? ¡Oh, no! Por eso, Jesús mismo, con esa virtud y fuego que contienen todas las palabras de su santo Evangelio, nos dice:

"Yo Soy..."

---

1   Jn 14,9

Estas meditaciones, cuyos puntos nos da Jesús, nos harán apreciar más el Sacramento de la Eucaristía.

Espíritu Santo, ilumina nuestra mente para conocer a Jesús; y abraza nuestro corazón en santo amor.

Virgen María, tú que conociste el interior de Jesús, bendícenos incendiando nuestras almas en amor a tu Hijo divino; y enséñanos a vivir sus virtudes.

1
YO SOY EL QUE SOY...
(Ex 3:14)

*El Dios de la majestad, tres veces santo, viene
a la nada de su criatura, para levantarla
y divinizarla envolviéndola en su
misericordia y caridad.*

Yo Soy el que soy, y nadie puede comprender todo el sentido que encierran estas palabras sublimes, divinas, que sólo pudieron ser pronunciadas por el mismo Dios.

Y esta definición del Dios tres veces santo la escuchó Moisés entre una zarza ardiendo, descalzo y pisando espinas, porque sólo en el dolor se oyen las confidencias de Dios.

"Yo soy el que soy", es decir, el eternamente infinito, el que no ha tenido principio ni tendrá fin; el Todopoderoso, el Inmenso, el Increado, el Dios caridad, el que es santo por esencia, el Creador de todo lo que existe y puede existir, el Único, el

Soberano, el que creó todo para sí mismo, el Dios de bondad; el que se posee y se da sin medida; ¡el que Es!, no se puede decir más.

De ese Ser infinito, en tres Personas, procedo Yo, el Verbo divino que se hizo carne, la segunda Persona de la Santísima Trinidad, igual al Padre y al Espíritu Santo, en Poder, Sabiduría, Bondad y demás atributos; vengo a dar un abrazo a la humanidad caída, tomando tu naturaleza para llevarte al cielo.

Sólo un Dios podía satisfacer la ofensa a un Dios, y el amor, sólo el amor, me hizo ofrecerme al Padre por tu bien, y descender al vientre de una Virgen, a las pajas de un pesebre, a los sudores de un taller, a las afrentas, dolores y humillaciones del Calvario, a la muerte de cruz, y a ser perpetua Víctima en los altares mientras hubiera alguien a quien alimentar con mi Cuerpo, con mi Sangre y mi misma Vida.

¡Dios te tocaba, te rodeaba, pero tú no podías acercártele! Por eso vine Yo a hacerme Eucaristía, para vivir a tu lado ocultando mis resplandores, descendiendo hasta tu corazón, para enriquecerlo y transformarlo. La Creación, la Redención, la

Comunión, son pruebas de que Yo soy Amor, siempre he sido y jamás dejaré de ser Amor.

Pues ven a tu Salvador, a tu Jesús que se ha hecho Pan para alimentarte. Ven al Dios de tus esperanzas. Ven, y, como Moisés, adora a tu Dios y Señor.

ACCIÓN DE GRACIAS

Dios amor, que no quisiste ser feliz sin el hombre; y sin necesitar de nadie, buscaste el amor de tus criaturas. Gracias porque quisiste necesitar de mí para comunicarme tu amor y manifestarlo a mis hermanos.

Él, todo, yo, nada; Él, eterno en sus perfecciones, yo, limitado; Él, misericordioso, yo, miseria; Él, anonadado por mi amor, yo, soberbio, duro, insensible a tanta ternura.

"Mi Padre trabaja siempre y yo también",[2] dijiste un día; pues, Jesús, límpiame, purifícame y transforma mi no ser en virtudes, vivificándome con tu

_____

2 Jn 5,17

contacto.

¡Oh María, Hija, Esposa y Madre del que es por sí mismo, del que todo lo es!, alcánzame la gracia de ser la imagen viva de Jesús en la tierra, amando, consolando, sufriendo y abnegándome en favor de los demás. Amén.

PENSAMIENTOS Y VIDA

El que no tiene amor, no tiene vida; y el grado de perfección que tenemos delante de Dios, está en razón directa del grado de amor

COMPROMISO

Jesús, te probaré la sinceridad de mi afecto, venciéndome en este día a mí mismo, en lo que más me cueste. Cuando se quiere, se puede, ¡qué gran verdad!

+ Señor, te ofreceré muchos actos de amor en favor de los sacerdotes y de las familias.

2
YO SOY EL PRINCIPIO
DE TODAS LAS COSAS
(Cf. Jn 1:3-4; Jn 8:24)

Dios, fecundación de toda vida, viene a
su criatura que es polvo y ceniza,
para comunicarle el germen
divino que no muere
jamás.

"Todo se hizo por la Palabra del Padre y sin ella no se hizo nada de cuanto existe".[3]

¿Pues quién eres tú?" me preguntaban un día los judíos: *"Yo soy el principio de todas las cosas".*[4] *"Y si no creen que Yo soy morirán en sus pecados".*[5]

Y ciertamente: ¡Yo soy el principio de todas las cosas del cielo y de la tierra, del mar y de los abismos, de los astros y de los árboles, de las flores, de los frutos

---

3   Jn 1,3-4
4   Cf. Jn 1,1
5   Jn 8,24

37

y de lo c
reado y de lo por crear!

Yo soy el principio de toda vida de naturaleza y gracia, todo tiene su principio en Mí. *"Todo fue creado por mí y para mí"*:[6] la luz, el movimiento, la inteligencia, todo ser y vida toma vida y ser en mí, porque soy quien vivifica todas las cosas, sin mí volvería todo al no ser.

"Yo en el principio ya era",[7] y te amaba y ocupabas mi mente. Para ti hay pasado y futuro, para mí todo es presente: mi mirada envuelve en un punto el tiempo y abarca la eternidad; y desde aquel entonces ya te rescataba porque te amaba; ya me ofrecía al Padre por ti en sacrificio.

En verdad les digo: *"Antes que naciera Abraham Yo Soy"*.[8] La eternidad soy Yo mismo, inmutable, y todas mis perfecciones y atributos en ella se encierran. Y si Yo no fuera eterno y sin principio, y el principio de todas las cosas, no sería Dios, ¡y lo soy!

---

6   Cf. Col 1,16

7   Cf. Jn 1,1

8   Jn 8,58

Soy Dios hecho hombre por amor, que quise padecer y ser víctima de expiación por el pecado, honrando a Dios mi Padre, dándole gloria infinita.

Conoce tu principio que soy Yo, vive de fe, hónrame con tus obras y gózate en saber que Yo tomé un cuerpo humano de María y me hice pan en la Eucaristía, atraído por la imagen de la Trinidad que he puesto en ti, y sólo por la dicha de hacerte feliz. No temas, ven: *"Me recreo en el orbe de la tierra y tengo mis delicias en los hijos de los hombres"*.[9]

ACCIÓN DE GRACIAS

Dios mío, adoro tu grandeza, conozco tu ternura. Tu majestad me anonada, tu amor me llama, me atrae, me inspira confianza. Tú eres el Dios del Sinaí, también eres el del Pesebre, el del Calvario, y el de la Eucaristía.

Me deslumbra tu poder, pero me arrastra hacia Ti tu misericordia. "En el principio ya eras, y en ti estaba

---

9 Pr 8,31

la vida",[10] pero eras mío, eras para mí. Para Ti no hay pasado, ni futuro; por eso siempre me has tenido presente en tu Corazón.

Ya sé que "*viniste a los tuyos y ellos no te recibieron*";[11] pero yo sí te recibo con todo mi afecto. Deja allá en el cielo todas tus grandezas y esplendores, ésas las veré algún día, así yo espero de tu misericordia; y ahora, ven a mi alcance hecho Pan del cielo. Ven así pequeño como cuando dormías en los brazos de María, o trabajabas en Nazareth, pues así me pareces más cercano que cuando fabricabas el mundo. Ven, Jesús, te adoro lleno de gratitud por ti.

María, haz que ame a tu hijo Jesús como al principio de todas las cosas, no con el temor que paraliza y descorazona, sino con el amor sin límites. Amén.

PENSAMIENTOS Y VIDA.

Todas las situaciones me serán preciosas, viendo en ellas la voluntad de Dios, de donde todo procede, de

---

10 Jn 4,1.4

11 Cf, Jn 1,11

aquel principio sin principio.

COMPROMISO

Señor, amaré mis cruces, elevando mi espíritu por encima de todo, siéndome iguales el gozo que el dolor, la salud que la enfermedad, la luz que las tinieblas.

+ Jesús, te pido por los sacerdotes religiosos para que Tú sea el todo de sus vidas.

+ Que las familias perciban la vida y todos los bienes como don Tuyo.

3
YO SOY LA RESURRECCIÓN Y LA VIDA
(Jn 11, 25)

*Jesús, el vencedor de la muerte, viene a quien
ha muerto muchas veces por el pecado,
para recordarle que quien
vive y cree en Él no
morirá jamás.*

"El que cree en Mí, aunque muera, vivirá; y todo el que vive y cree Mí, no morirá jamás."[12]

¿Lo has oido? *"Yo soy la Resurrección y la vida"*; no temas, y *"el que cree en Mí"* pasa de la muerte a la vida divina, vida de gracia, que sólo infunde el Espíritu Santo.

Aviva tu fe y resucitarás, porque *Yo doy la vida a las que quiero, y a* ti *quiero dártela y en abundancia.*[13] Abre tu ser para recibir esa vida. Sal del sepulcro de

---

12 Jn 11, 25-26
13 Cf. Jn 10,10

tus pecados, *levántate y anda;*[14] *ven y sígueme.*[15]

Deja al hombre viejo que hay en ti, bebe en mi Sangre una nueva vida de pureza, de santidad y de amor. En Mí *"está la vida y la vida es la luz de los hombres"*,[16] el que sacó todo de la nada, el que es por Sí mismo principio fecundo de toda la creación.

Resucita y aspira esta vida de amor, que soy Yo; come y bebe, y sacia tu corazón del mismo que es la Vida, que vino para darte *"vida en abundancia"*;[17] el Verbo divino que se hizo carne para sacrificarla en una cruz y probarte con esto su amor, tomando un corazón humano que sufriera, y se estremeciera y palpitara al compás tuyo.

Yo soy *aquel que ha de venir*[18] a llevarte al cielo si me eres fiel, si cumples el mandamiento del amor, si eres obediente y pobre, si eres manso y humilde de corazón, si amas la cruz y te dejas crucificar en ella

---

14 Cf. Jn 11,43,44

15 Cf. Mt 19,21; Mc 10,21; Lc 18,22

16 Jn 1, 3-4

17 Jn 10,10

18 Ap 1,4

de Dios y de los hombres. ¡Sí, haz todo esto, que para esto vengo a ti, como Fortaleza de tu debilidad, como Triunfador de tu inconstancia, como Foco de eterna vida!

ACCIÓN DE GRACIAS

¿Quién soy yo, para que venga a mí la Resurrección y la Vida? ¿Qué te daré, Señor? ¿En mi pequeñez y en mi nada, y desde el sepulcro de mis grandes miserias? ¡Oh mi buen Jesús!, hágase siempre tu voluntad, y no la mía, en todo.

Recíbeme hoy con todos mis sentidos y potencias: alma, corazón, sentimientos y todo lo que de Ti he recibido; mi sueño y mi eternidad, mi pasado y mi presente, mis goces y mis dolores, mi agonia y mi muerte, para que las conviertas en Vida.

Yo creo, ¡Señor y Dios mío!, creo que, aunque haya muerto, viviré eternamente; que la muerte temporal será para mi cuerpo el paso a la eternidad. ¡Yo creo que, en la Eucaristía, como y bebo el germen de la inmortalidad, y que mientras más me blanqueo con tu contacto, más brillerá eternamente este cuerpo de tierra el día de la resurreción de los muertos!

Borra mis instantes si no son tus instantes; arranca de mí lo que no seas Tú. Quiero que mi vida sea Tu vida.

¡Oh María, mi vida, dulzura y esperanza!, sacuda las alas de mi pobre corazón para que, dejando acá abajo las muertes de mis caídas, resucite y vuele a las regiones del cielo después de practicar todas las virtudes en una vida sobrenatural y divina. Amén.

PENSAMIENTOS Y VIDA

Recordemos a menudo que Jesús es la resurrección y la vida.

La luz clara de un alma es la luz de la eternidad. Es preciso vivir alerta y no soñar, porque no sabemos el día ni la hora.

COMPROMISO

Jesús, Vida mía, formaré hoy un tesoro para el cielo que siempre será, procurando practicar constantemente alguna virtud.

+ Te ofrezco hoy, Señor, todas mis buenas obras por los sacerdotes difuntos.

+ Señor, acrecienta en las familias su esperanza en la verdadera vida.

4
YO SOY EL BUEN PASTOR
(Jn 10:11, 14)

Jesús, el buen Pastor, deja las noventa
y nueve ovejas para seguirme
a mí, tomarme sobre sus
hombros y librarme
del mal.

Si: *Yo soy el buen Pastor* , el pastor delicado y tierno que se lanza aun entre las espinas por buscar la oveja perdida, que con amor entrañable ama su rebaño y que se regocija cuando halla la que se le extravió. Yo alimento con mi propio Carne y Sangre a mis amadas ovejitas, y lloro, y suspiro, y tomo mil desvelos llamándolas con silbidos amorosos, entre los matorrales del mundo.

Ese es tu Jesús que te busca, que te ama, quien hace años no te pierde de vista y que viene en pos de ti para hacerte feliz, para curar tus heridas, para cargarte sobre sus hombros, para conducirte al Padre celestial.

¡Cuántas veces te he sacado de las garras del lobo, próximo a devorarte! ¿Qué habrías hecho si mis pies no hubieran corrido a buscarte, si te hubiera dejado perecer? Soy tu Salvador, el buen Pastor; mis ojos han llorado tus desvios, mis pies se han llagado por buscarte; mi Corazon día y noche late por ti, te amo más que un padre, más que una madre, más que los amigos, que los hermanos, que los esposos.

No temas, ovejita mía, que soy tu Pastor, tu fortaleza, tu medico, tu calor, tu consuelo y hasta tu alimento mismo. Ven, que quiero sentirte a mi lado, apoyarte sobre mi hombro, oir los latidos de tu corazón, escuchar tu respiración anhelante de amor por Mí. Ven a mi lado para blanquearte con mi Sangre, que purifica cuanto toca. Yo soy el buen Pastor, el Pastor bueno que con los velos sacramentales cubro mi hermosura para no deslumbrarte.

"Conozco a mis ovejas y ellas me conocen a mí".[19] ¡Por eso tú y Yo nos encontramos! Pues ven, ha llegado el instante de hacerte feliz. Ven a

---

19Jn 10, 14

embriagarte con la Sangre del Cordero; ven a alimentarte con el trigo de los escogidos, con mi misma Vida, que Yo la doy por mis ovejas. Ven, mi pobre, débil y herida ovejita; ven y recibe el pan de los fuertes; ¡ven, ven!

ACCIÓN DE GRACIAS

Jesús, *"Tú conoces a tus ovejas y ellas te conocen a Ti"*[20] por eso yo te conozco, porque soy tuyo; por eso te amo, y quiero también dar la vida por Ti.

Jesús, al conocerte te amamos. *"La Vida verdadera es conocerte"*.[21]

Buen Jesús, amable, manso, humilde, generoso, benigno, agradecido, compasivo, tres veces santo y mil veces padre, Buen Pastor, Gloria del Padre.

"Pero otras ovejas tengo", dijiste, *"que no son de este aprisco y es necesario que Yo las traiga a él; y ellos oirán mi voz, y no habrá más que un solo*

---

20 Cf. Jn 10,14

21 Jn 17,3

rebaño y un solo Pastor".[22] Esas palabras repercuten hoy, al recibirte en el fondo de mi ser, y me ofrezco, Señor, aunque nada valgo, a sacrificarme en su favor. Si, Dios mio, Pastor bueno, que pronto escuchen su voz; tráelas al redil. Que tu Iglesia triunfe por el Espíritu Santo, que la Cruz reine, que María impere, y que todos formemos el aprisco que veniste a reunir en la tierra.

¡Oh María! Que todos conozcamos a Jesús, Buen Pastor. Concédeme la gracia de colaborar en la salvación de todos para la gloria de Dios y la unidad de la Iglesia.

PENSAMIENTOS Y VIDA

Recordemos las palabras de Jesús: *"El Padre me ama porque doy mi vida, para recobrarla de nuevo. Nadie me la quita; yo la doy voluntariamente. Tengo poder para darla y para recobrarla de nuevo; ésa es la orden que he recibido de mi Padre".*[23]

---

22 Jn 10, 16

23 Jn 17, 18

COMPROMISO

Señor, darme fuerzas para gastarlas en bien de los que me rodean y manifestarles tu bondad con entrega y sacrificio.

+ Señor te ofreceré hoy muchos actos de amabilidad y vencimiento en favor de todos los Arzobispos y Obispos, Pastores de la Iglesia.

+ Jesús, Buen Pastor, que las familias confien siempre en ti.

5
YO SOY LA VID
Y USTEDES LOS SARMIENTOS
(Jn 15:5)

Jesús, la vid verdadera, viene al sarmiento
que desea permanecer unido a Él,
para comunicarle
vida eterna.

Escúchame: *"yo soy la vid y ustedes los sarmientos;*
quien está unido Conmigo y Yo con él, ése da mucho
fruto, porque sin Mí nada pueden hacer." [24]

Tú eres mi sarmiento; tú darás mucho fruto, si vives
en adelante una vida de intimidad Conmigo que di
la vida por ti en la cruz. La Fuente de todo bien, mi
propia Sangre, correrá por tus venas.

"El que no permanece en Mí, será echado fuera
como sarmiento inútil, y se secará y lo arrojarán al
fuego, y arderá; pero si permanecen en Mí y mis
palabras en ustedes, piden lo que quieran y se les

---

24 Jn 15, 5

dará."[25] Éste es el gran secreto para la unión Conmigo, *el permanecer en mi amor, perseverando hasta el fin*; éste fue el compendio de mis consejos en aquella noche, en la que instituí el Sacramento del amor para unirte conmigo.

Permanecer, no quiere decir estacionarse en un punto, sino activarse en el amor que siempre crece, arde y todo lo invade, tendiendo a desarrollarlo hasta el infinito.

El amor de la Vid circula por el alma en la Eucaristía y le hace *salir de sí*. Ese amor tiende al sacrificio como la mariposa a la luz, porque el corazón que se ha unido con la verdadera Vid no se satisface con el amor sensible o de palabras, sino que, bebiendo de mi Corazón la caridad, se desvive por entregarse sin medida, como Yo me entregué. Éstos son los efectos de mi íntima comunicación con el alma.

"Mi Padre es Labrador de esta Vid, que soy Yo";[26] ámalo y se misericordioso como Él. Al Espíritu Santificador dile que venga a unir estrechamente tu

---

25 Jn 15, 6-7
26 Cf. Jn 15, 1

corazón con el Mio, que en esto *"será glorificado mi Padre, en que den mucho fruto y sean discípulos mios".*[27]

Dile a mi Madre Santisima que abra tu corazón y te lleve de la mano; que ensanche tus deseos y te enseñe a permanecer en Mí.

ACCIÓN DE GRACIAS

¡Sé Tú, Jesús, mi paz, mi reposo, y la única riqueza de mi vida! Quiero, como el sarmiento, recibir de ti la savia divina, y crecer con tu misma substancia que engendra pureza. Comunícame vida celestial y creceré a tu sombra, más intimamente adherido que la hiedra al árbol; que tu Sangre circule por todo mi ser.

Madre Mía, alcánzame la gracia de permanecer en Jesús, para que *me conceda el Padre lo que le pida,*[28] según la promesa de tu divino Hijo. ¿Y qué le pediré? Armarlo siempre con ardor creciente, en

---

27 Jn 15,8

28 Cf. Jn 15,7

todas las instantes de mi vida, y le pediré la gracia de pasar por el mundo haciendo el bien como Él.[29]

PENSAMIENTOS Y VIDA

"Mientras me mires, me *amarás*.
Mientres me mires, me *imitarás*
Mientras me mires, me *seguirás*."

COMPROMISO

Jesús, me abro a recibir tu Vida; quiero permanecer en Ti.

+ Señor, te ofreceré hoy no perderte de vista, con una muy viva presencia Tuya, en favor de todos los Sacerdotes Diocesanos.

+ Jesús, que la familia unida tenga vida en Ti.

---

29 Hch 10,38

6
YO SOY, NO TEMAN
(Mt 14:27)

Jesús que manda a los vientos y le
obedecen, viene al de poca fe
y asustodizo, para darle
valor e inspirarle
total confianza
en Él.

"¡Animo!, que soy Yo, no teman", dije a mis discipulos, atemorizados por verme en una madrugada ir hacia ellos sobre las aguas del mar. ¡Qué palabras tan consoladoras, que hoy también dirijo a ti desde la Eucaristia!

"Yo soy ..." y Conmigo y a mi lado, ¿qué puedes temer? Quien me tiene a Mí posee el cielo; porque Yo soy el Dios de paz que desea ponerte a salvo; el Dios de los perdones, que te ama con un amor que no ha tenido principio; que antes de la aurora de los tiempos ya era, y que *"no quiere la muerte del pecador, sino que se convierta y viva."*[30]

---

30 Ez 18, 235959

Yo soy Jesús, oculto en la Eucaristía. Yo soy el que, obrando milagros de omnipotencia y poder, estoy aquí deseando poseer toda tu persona. Escucha, pues, con los oidos de tu alma me voz que te dice: No temas; arrójate a los mares de mirra sin vacilar, porque ahí estaré Yo, sosteniéndote si tienes fe.

Te amo, y por eso vengo a ti, que en vano lucharas con los vientos de tus pasiones si Yo no estoy a tu lado. Yo soy el que manda a los mares y sereno las tempestades, como sereno las tempestades de los corazones que vienen a buscarme, que me abren sus puertas, que son mios.

No tiemblas, no temas, que soy el amable Jesús. Ten fe, y llega sin temor en los brazos de mi Madre a esa altar desde donde mis ojos te buscan entre la multitude. Ven, ven, que soy Yo, que Yo soy.

ACCIÓN DE GRACIAS

¡Oh Jesús bueno, como san Pedro se lanzó sin temor sobre las aguas por acercarse a Ti, cuando escuchó ¡Ven![xxvi] Así voy yo hacia ti con todo el entusmiasmo y energias de mi ser, seguro de no hundirme mientras tenga fe.

Si eres Tú mándame ir a Ti,[xxvii] sostenme, y sálvame si comienso a hundirme otra vez en el mar sin fondo de mi propia misería. Cierto que yo " no puedo ir a ti sin ti"; pero extiende tu mano, cógeme del brazo como a san Pedro, y aumenta mi fe en tu poder y amparo.

Jesús mio, te amo, y no temo, porque *Tú perdonas mucho a quien te ama mucho.*[xxviii] *"Crea en mí un corazón puro!"*[xxix]

Tú eres mi forteleza. Mirame, Señor, y ensancha todo mi ser para recibir ese aumento de vida divina.

Jesús, aumenta mi fe, y haz crecer la confianza que facilita el camino de la cruz, que aligera los deberes, y que es privilegio de los hijos de Dios. Arrojo mis temores en el seno de tu misericordia, porque *ninguno que espera en Ti se verá confundido.*[xxx]

Tú sabes, ¡Oh Madre clementisima!, que soy débil y que nada puedo por mi mismo. Pero *Él ha venido a mí*, Él me ha dicho que no tema. Pídele que me bendiga y que me conceda siempre hacer su voluntad.

PENSAMIENTOS Y VIDA

Me fijaré en esta hermosa máxima: *Hacer bien lo que yo hago*, porque es lo que Dios quiere de mí hoy. ¿Y cómo? Sin temor a las dificultades, con pureza de intención, con prontitude y alegría.

COMPROMISO

Me llamas hoy, y no temo, Jesús, me dices que eres Tú, y no vacilo en arrojarme a cualquiera tribulación, seguro de que estás conmigo.

+ Jesús, te ofreceré hoy practicar constantemente alguna virtud en favor de la Iglesia.

+ Te pido, Señor, que las familias acrecienten la confianza en Ti.

7

YO SOY EL QUE HABLA CONTIGO
(Jn 4,26)

*Jesús, como en el Pozo de Jacob a la
Samaritana, se acerca a quien es
ciego y no ve el don de Dios,
para hacerle conocer
quién es él.*

Estaba Yo a mediodía conversando con la Samaritana; sonó entonces para ella la hora de la gracia, y me dijo en el pozo de Jacob: "Sé que ha de venir el Mesías", y le contesté: *"Ése soy Yo, el que habla contigo"*.[31] Se iluminó su corazón con la gracia, y a través de mi humanidad, reconoció mi divinidad y la adoró, llenándose de amor y de esperanza.

Pues Yo también soy el que hablo hoy contigo; te he buscado hasta la fatiga entre los caminos del mundo; es tu Jesús el que se acerca a ti en esta Hostia consagrada.

---

31 Jn 4, 25-26

Yo soy el que te vengo a pedir, como a la Samaritana, que *me des de beber* un poco del agua de tu contrición y de tus lágrimas para apagar mi sed; esa pequeña limosna te pide tu Jesús. ¿Me la negarás?

¡Si tú conocieras el don de Dios! Si comprendieras mi predilección por ti. Si fueras capaz de comprender el infinito amor con que te sigo a todas partes. Si vieras mi anhelo de hacerte el bien. Si vieras con tus ojos el cúmulo de gracias que te he comprado con mi Sangre y que se ciernen sobre ti deseando que abras tu corazón para recibirlas. Si supieras apreciar mi cruz, los secretos que guarda, y las delicias que Dios te tiene reservadas para el instante que la abraces por amor. Si tú entendieras quién es el que te dice: *Dame de beber.*

Escucha, escucha, ésta es la hora de tu salvación, y Yo soy el que te hablo, el que quiere perdonarte, el que llego a ti con toda la ternura de Salvador. ¡Ven! ¡Ya estoy aquí!

ACCIÓN DE GRACIAS

Jesús, Redentor y esperanza mía: *"Habla, que tu siervo te escucha"*.[32] *"Tú tienes palabras de vida eterna"*.[33]

Tú eres el que hablas a mi corazón con el idioma del amor, con ese lenguaje desconocido de la cruz que tanta dicha encierra. ¿Quién será capaz de apartarme de ti? *"Tus delicias están con los hijos de los hombres"*.[34]

Por mi debilidad y miseria me es penosa la humillación, pesada la obediencia, triste el recogimiento, intolerable la tentación, molesto el sufrimiento, y cansada cualquiera cruz. Tengo miedo a dejar mis gustos; cualquier vencimiento me acobarda, pero, ¡oh buen Jesús!, todo lo podré en unión contigo. Quita mi frialdad, y dame el don de orar, para que escuche tu voz que me alienta a entregarme por tu amor.

---

32 Cf. 1 S 3,10
33 Jn 6,68
34 Cf. Pr 8,31

¡Háblame siempre, Jesús, Bondad infinita, y dime, como a la Samaritana, *todo lo que he hecho*, para mover mi corazón al arrepentimiento!

Dame del agua de tu Sangre para lavar mi corazón. ¡Señor, dame esa agua!

¡Madre del que es la Palabra eterna!, María, que sepa yo, en el silencio, escuchar la voz dulce de tu Jesús. Amén.

PENSAMIENTOS Y VIDA

"¿Estás en paz? Ora, la oración te conservará.

¿Estás tentado? Ora, la oración te sostendrá.

¿Estás caído? Ora, la oración te levantará.

¿Estás desanimado? Ora, la oración te confortará.

COMPROMISO

+Jesús, hoy estaré atento a tu voz, no te perderé de vista.

+ Señor, te pido por los sacerdotes necesitados.

+ Que las familias escuchen tu voz y crean en ti.

8

YO ESTOY EN EL PADRE
Y EL PADRE ESTÁ EN MÍ
(Jn 14, 11)

Jesús, verbo encarnado, igual al Padre
y el Espíritu Santo, viene a su
criatura, para manifestarle
su infinita caridad.

"¿No creen que Yo soy en el Padre y que el Padre está en Mí? Las palabras que Yo les habla, No les habla de Mí mismo... El Padre que está en Mí, Él mismo hace Conmigo las obras que Yo hago."[35]

Existe una fecundación divina en el centro mismo de Dios, en su purísima esencia, en lo íntimo de su ser. Dios es feliz, es la felicidad misma.

En la eternidad de perfecciones, que es la *misma divinidad*, nace el Verbo ¡*Aquel que en el principio ya era!*[36]

---

35 Jn 14,10-11
36 Cf. Jn 1,1

Al engendrar el Padre al Verbo con todos sus perfecciones: Poder, Hermosura, Luz, Vida... y siendo dos Personas distintas, se da una mutua complacencia, una felicidad, una union de amor intenso de la que procede la tercera Persona divina, el Espíritu Santo.

El lazo de unión y comunicación entre el Padre y el Hijo es el Espíritu Santo. Es ésta una unidad tan hermosa, tan perfecta y tan pura, que en la tierra no se puede entender, pues sólo Dios es capaz de comprenderse a Si mismo de manera absoluta.

Esta unidad divina forma la delicia de los santos, la pureza de los ángeles y todo el amor en los bienaventurados: es el encanto del cielo y el de la Iglesia en la tierra. ¡Contempla la identidad que hay en el Padre y en Mí: ¡Yo soy en el Padre y el Padre es en Mí!*[37]*

Por eso al honrarme a Mí honras al Padre y al Espíritu Santo, ámalos como a Mí mismo, guardando mis mandamientos.

---

37 Jn 14,11

Yo soy el Verbo hecho carne que *"te amó con un amor que no tuvo principio"*,[38] antes de la aurora de los tiempos, y que vine a expiar los pecados ant mi Padre celestial, borrándolos con la satisfacción de un Dios anonadado ante un Dios.

No concluyo ahí mi amor, y me quedé en el Sacramento eucarístico ocultando mi poder, mi grandeza y mis esplendores para llegar a tu corazón y conmoverlo, purificarlo y salvarlo.

¡Ven a perderte en el amor de tu Dios! No temas, ven que te espero.

ACCIÓN DE GRACIAS

Jesús, creo que *eres en el Padre, y que el Padre está en Ti.* Enséñame a vivir con filial confianza como verdadero hijo del Padre.

Jesús, hecho hombre para borrar mis pecados, Tú que eres Dios con el Padre y el Espíritu Santo, tomaste la naturaleza humana en el seno de María

---

38 Cf. Jn 4,19

para poder amarnos con el amor infinito de Dios y también con el amor humano. Yo tenía necesidad de un Dios que me amara como yo amo, que me amara de mi manera, y *"el Verbo se hizo carne,"* [39] es decir, se hizo hombre como yo.

Gracias, Jesús, que conociste la necesidad del hombre al hacerte Hombre y hacerte Eucaristía. ¡Gracias, que, siendo quien eres, te rebajaste para que yo pudiera verte a todas horas, sentirte junto a mí, visitarte, confiarte mis penas y mis alegrias y adherirte a mí en la Eucaristía! ¡Aquí te siento, aquí te toco, aquí estás!

Sé mi maestro en la escuela del amor, enséñame a conocerte, porque, si te conozco a Ti, conozco a tu Padre, *"El que me vea a Mí, vea a mi Padre"*, [40] dijiste, y yo quiero abismarme y perderme en ese conjunto, en ese unidad de perfecciones infinitas.

Madre mía, que cara a cara contemplas los misterios de Dios, acrecienta mi fe y el hambre de Jesús, Bien infinito.

---

39   Jn 1, 14

40   Jn 14, 9

PENSAMIENTOS Y VIDA

Hacer muchos actos de fe viva en nuestro corazón porque allí está nuestro Padre, la alegría, la gloria, el honor y la paz.

Amemos, amemos sin descanso al que es Amor, y seamos buenos, que la bondad es algo que tiene más de Dios que del hombre.

COMPROMISO

Qué haré, Señor, ¿para corresponder en mi pequeñez a tus bondades? Ya lo sé: hacer antes la voluntad de otros que la mía, y entregarme a tus disposiciones, amando siempre mi situación actual, sea cual fuere.

+ Señor Jesús, haré hoy muchos actos de esperanza en favor de la Iglesia.

+ Padre, Hijo y Espíritu Santo, que las familias valoren la gracia del bautismo que nos hace templos vivos de la Trinidad.

9

YO SOY LA LUZ DEL MUNDO
(Jn 8:12)

*Jesús, Dios de Dios, Luz de Luz, esplendor
del Padre, viene al necesitado de
luz, para alumbrar su destierro
con la luz de la vida eterna
y mostrarle el camino
de la cruz.*

"Yo soy la luz del mundo. El que me sigue no camina en obscuras, sino que tendrá a la luz de la vida".[41] Vivirá de la verdad, y estará lejos de las tinieblas del error y de la mentira.

¡La Luz, la Luz! ¿Y qué hicieras tú sin Mí que soy la Luz?, esa Luz que brilla en ti por la gracia, como estrella de primera magnitud, y como mil soles, en la Eucaristía.

Yo soy la Luz que alumbra lo más secreto de la conciencia, la Luz eterna, la Luz increada, la Luz de Luz, procedente del Padre, que *"ilumina a todo*

---

41   Jn 8, 12

hombre que viene a este mundo".[42]

Yo soy Jesús Eucaristía que vengo a disipar la noche de tu espíritu, quiero cubrir con mi luz tu miseria. Quiero que veas, y para ver necesitas que amanezca en ti el Sol de Justicia, que ilumine tus ojos con el Candor de la Luz eterna. Yo, que di la luz a tantos ciegos, quiero sanar los ojos de tu alma, para que me conozcas y permanezcas en Mí.

Cierto que has huido del que es la Luz; pero también es cierto que me buscas, que me llamas, que vienes a Mí, aunque a tientas; y Yo jamas rechazo a un corazón contrito y humillado. Acércate, pues, con amor y plena confianza a la Luz de la Vida.

ACCIÓN DE GRACIAS

Jesús-Luz, gloria del Padre, gracias porque vienes a este destierro, a comunicarnos tu amor; y es tan grande tu caridad, que deseas poseernos eternamente, inundándonos de tu infinita Luz.

Quieres fundir tu Corazón dentro del mio, y unir tu

---

42   Jn 1, 9

cuerpo y tu Sangre, tu Luz y tu Amor en todo mi ser. *"Padre, te pido que sean uno como nosotros somos uno, Yo en ellos y Tú en Mí para que sean perfectamente uno".*[43] ¿Puede existir mayor caridad?

Jesús, Luz de mi existencia, te quiero seguir, y ser reflejo de tu vida y tu abnegación. Yo quiero amar a mis hermanos sacrificándome en su favor, y sólo para darte gloria.

Señor, convierte mi alma en luz, para que sin estorbos se una a la tuya con una compenetración tan perfecta como de Fuego a fuego, de Flama a flama, de Luz a luz.

Jesús, mis palabras no expresan lo que quisiera decirte, pero Tú sabes escuchar el mudo lenguaje del amor. Quiero abrirme a tus gracias, envuelto en la luz de tus resplandores que ocultas en la Eucaristía.

---

43   Jn 17, 22-23

María, Madre del que es la Luz, dame una gran pureza de conciencia, para que en adelante ame, adore y agradezca a Jesús Eucaristía.

PENSAMIENTOS Y VIDA

Cerca de Jesús Eucaristía continuaré sereno y feliz, aun en las dificultades de la vida.

COMPROMISO

Señor Jesús, el día de hoy viviré a la luz de tu Palabra que me dice: *"En otro tiempo fueron tinieblas; más ahora son luz en el Señor. Vivan como hijos de la luz; y el fruto de la luz consiste en todo bondad, justicia y verdad"* [44].

+ Jesús-Hijo, ofreceré hoy muchos actos de amor en favor de las religiosas de enseñanza.

+ Jesús-Luz, que las familias vivan abiertas a Ti que eres el gozo y la alegría de los corazones.

---

44   Ef 5, 8-9

10
YO SOY EL PAN DE VIDA
(Jn 6:48)

*Jesús, que transforma el pan y el vino
en su Cuerpo y en su Sangre, viene
al débil, para alimentarlo y
darle su misma vida.*

"Yo soy el Pan de la vida. El que venga a Mí, no tendrá hambre, y el que crea en Mí, no tendrá nunca sed".[45] Humildad infinita y amor sin término te dicen estas palabras pronunciadas, más que por mis labios, por mi corazón, abismo de bondad.

Pan de vida, es decir, alimento inmortal, substancia divina que te fortalecerá para llegar a la Patria sin morir en el camino. *"El que come. mi Carne y bebe mi Sangre tiene vida eterna".*[46] y esa vida es la vida verdadera, la vida de la gracia que jamás muere, la vida inmortal que permanecerá para siempre.

---

45   Jn 6, 35

46   Jn 6, 54

La Eucaristía tiene la virtud de convertirte en Mí. ¡Si comprendieras el don de Dios, Yo soy el Pan de vida bajado del cielo por puro amor!

Mi Carne y mi Sangre te darán fortaleza en los combates de la vida, y te comunicarán el vigor celestial que llevó a los mártires a entregarse por amor.

Yo quiero vivir en ti para que vivas tú en Mí, con una divina transformación. Dije a mi Padre celestial: *"Yo estoy en ellos y Tú estás siempre en Mí, para que sean consumados en la unidad"*,[47] porque con esa intimidad quiero comunicarme a ti; y éstos serán los efectos del Pan de vida, el que vivas unido, compenetrado de tu Jesús, uno con el Padre y el Espíritu Santo.

Ven a recibir este Pan de caridad, que nada cuesta, que *"se da de balde"*,[48] pues basta la limpieza de corazón para acercarse a la Eucaristía. Ven, *"Yo soy el Pan vivo que ha descendido del cielo"*.[49]

---

47   Jn 17, 23

48   Is 55, 1

49   Jn 6, 51

ACCIÓN DE GRACIAS

Señor Jesús, yo vivo en Ti, porque Tú dijiste: *"Como Yo vivo en mi Padre, el que come mi Carne vivirá en Mí"*.[50] Yo siento circular por mis venas tu vida divina, experimento la fuerza de los mártires para abrazar cualquiera cruz. *Ya no temo porque no sólo mi vida, sino mi vivir es Cristo;*[51] *es Cristo quien vive en mí.*[52] En mí está el germen eucaristico de la resurrección y la vida.

Jesús, Tú mismo te pusiste ese nombre de Pan, el más común alimento de los pobres y de los ricos, de los niños y los ancianos, y a la vez el más adecuado a Ti, Dios bondadoso; tu poder es infinito y en el exceso de tu amor te entregas a Ti mismo para hacer el bien.

Soy débil, pero Tú eres mi fortaleza; no tengo virtudes, pero Tú las tienes todas, y me las comunicarás una a una, si te soy fiel. *"Todo lo*

---

50   Jn 6, 57

51   Flp 1, 21

52   Ga 3, 20

podré an Aquel que me conforta".[53]

Permanece en mí, y dame un amor continuo, intenso, que me una a Ti. ¡Oh Jesús, *dame siempre de ese Pan*!

Virgen María, Madre del Pan de vida, que nunca me falte el Pan de la Eucaristía. Amen.

PENSAMIENTOS Y VIDA

Jesús mio, dame todos los días un poco de trabajo, un poco de sufrimiento, y un poco de bien que hacer. Dar únicamente por dar sin ocuparnos de la recompensa; porque el amor consiste en darse, en vivir entregado a Dios y al prójimo con generosidad.

COMPROMISO

Jesús, Tú te das a ti mismo, hazme capaz de darme Contigo a los que me rodean, siendo todo para todos.

+ Señor, te ofreceré hoy muchos actos de desprendimiento en favor de la Iglesia.

---

53   Flp 4, 13

+ Jesús, acrecienta en las familias el amor a la Eucaristía y alimentalas siempre con ese Pan celestial.

11
YO SOY MANSO
Y HUMILDE DE CORAZÓN
(Mt 11:29)

Jesús, por amor, viene al soberbio,
irretable, para introducirlo
en su Corazón.

"Aprended de Mí, que soy manso y humilde de corazón". No a enseñar ciencias, ni ruidosas victorias, vengo a enseñar la *paciencia y humildad*. Ese parecido quiero que tengas con tu Jesús *"que no acabó de quebrar una caña, ni de apagar la mecha aún humeante"*.[54] *Pasé por el mundo haciendo el bien*,[55] y mi Corazón se partía ante cualquier desgracia, derramando tesoros de caridad sobre los enfermos, los desgraciados y los pecadores.

---

54   Mt 12, 20

55   Hch 10, 38

"Tengo lástima de esta pobre gente",[56] dije, y multipliqué los panes en el desierto. *"Hijo: ¿quieres sanar?,"*[57] pregunté al paralítico. *Consolé, perdoné y amé*, haciéndome todo para todos. Y siendo corto el tiempo de mi vida para satisfacer la necesidad de hacer felices a los corazones, me quedé en la Eucaristía haciéndome alimento por tu amor.

"Sin Mí nada puede hacer",[58] y por eso estoy en la Eucaristía para que vivan en comunión Conmigo. La Comunión no sólo borra los pecados veniales, sino que libra de las fragilidades y faltas diarias.

Yo soy la fortaleza de tu debilidad, y realizo verdaderos milagros de amor en quienes me reciben, comunicando fuerza y vigor para la santidad. Ven a esta comunión completa entre el Creador y la criatura, entre dos seres que se buscan, que se encuentran y ponen en común todo lo que tienen y lo que son.

La virtud en mi unión es fácil, acércate con la pureza

---

56   Mt 15, 32

57   Jn 5, 6

58   Jn 15, 5

y humildad del discípulo amado, para quien ama lo único necesario es anonadarse y perderse en el Corazón de Dios.

¿Me escuchas tú, a quien tanto amo? ¿Qué deseas que no puedas encontrar en Mí? Ven, y dime que quiere sanar, para darte la salud; que te arrepientes de tus pecados; para perdonártelos; que me amas, ¡si ¡que *me amas*, y esto basta para ir a tí, enjugar tus lagrimas, y unir todo tu ser a Mí.

ACCIÓN DE GRACIAS

¡Corazón de Jesús, haz de mi corazón semejante al tuyo! Comunícame tu mansedumbre y humildad.

Viniste a traer fuego a la tierra,[59] y ¿qué quieres sino que el mundo arda en caridad?

Jesús, yo te pido que todas mis palpitaciones y afectos sean como los tuyos. Dame fuerzas para padecer con paciencia y humildad y colaborar así en la salvación de mis hermanos.

---

59   Cf. Lc 12, 49

¡Oh María, suave, dulce y caritativa Madre!, alcánzame de Jesús que derrame sobre mí todas las bendiciones que envía al mundo desde la Eucaristía, para que sea un reflejo de su mansedumbre y humildad.

PENSAMIENTOS Y VIDA

La ira es fria. Cuando estés enojado, cuenta diez antes de hablar, y cuando estés encolerizado, cuenta cien.

Nada se propaga más pronto que entre los miembros de una comunidad o familia que la frialdad, la indiferencia y el desaliento.

COMPROMISO

Jesús, hoy me venceré para ser manso y humilde de corazón, lleno de caridad y alegría.

+ Jesús, te ofrceré hoy muchos actos de paciencia en favor de los Sacerdotes Diocesanos.
+ Jesús, que las familias vivan a la luz de tu Palabra.

12

YO SOY EL QUE DOY TESTIMONIO DE MÍ MISMO Y EL ESPÍRITU DARA TESTIMONIO DE MÍ (Jn 8:13; 15:26)

Jesús, el Salvador enviado por el Padre,
viene a quien desea conocerlo
y amarlo, para decirle que
Él rogará al Padre y le
enviará otro
consolador.

"Yo soy el que doy testimonio de Mí mismo y el que me ha enviado, el Padre, da testimonio de Mí".[60]

"El Espíritu de Verdad que procede del Padre, y que Yo os enviaré de junto al Padre, Él dará testimonio de Mí".[61]

Toda la Trinidad de testimonio de Mí: el Padre, el Espíritu Santo y el mismo Verbo dan testimonio de

---

60   Jn 8, 18

61   Jn 15, 26

mi Divinidad. *Y también ustedes* -dije a mis discípulos- *darán testimonio, porque están conmigo desde el principio".*[62]

Para mayor claridad, dije: *"Yo pediré al Padre, y les dará otro Consolador, para que esté en ustedes para siempre".*[63] *"El Espíritu Santo, que mi Padre enviará en mi nombre, les enseñará todo y les recordará todo lo que Yo les he dicho".*[64]

Aquí tienes el secreto. Si quieres recordar mi Palabra, que soy Yo mismo, el Verbo, en el Evangelio, acude al Espíritu Santo y Él iluminará tu inteligencia. Te enseñará lo que no sepas, abrirá los oidos de tu espíritu y te moverá tu voluntad, haciendo su morada en tu corazón.

El Espíritu Santo vendrá a tí como fruto de mi plegaria. Yo rogué al Padre que te lo enviará . Él es luz que ilumina, fuego que calienta, soplo que da vida.

---

62   Jn 15, 27

63   Mt 16, 24 Jn 14, 16

64   Jr 14, 26

El Espíritu Santo es el alma de la Iglesia, vive en mi Corazón y en la Eucaristía.

El Espíritu Santo me une con las almas, es la Fortaleza de Dios, la Luz indeficiente, el que asiste con su Verdad infalible a mi Iglesia, el autor de toda mi gracia.

Se buscan otros medios para detener la impiedad, conservar la fe, remediar los males, y se descuida *el medio principal*, porque sólo el Espíritu Santo puede renovar la faz de la tierra y dar testimonio del Verbo hecho carne.

Por el Espíritu Santo me concibió María, por Él me ofrecí como Víctima sin mancha, Él es la perfección espiritual, el sol de los espíritus, el lazo que une a Mí, la dicha de los corazónes, el reposo de las almas. Por Él los profetas fueron ilustrados, los sacerdotes son ordenados, los alteres consagrados, la Iglesia santificada, los demonios expulsados y las almas curadas.

Si quieres sanar, el Espíritu Santo es médico; si eres pobre, Él es tu padre. Él es calor, refrigerio, Vida.

Ama con todo tu corazón a este Santo Espíritu, y comulgarás con fervor. Llévalo siempre en ti y no pecarás. Él es prenda de gloria, y pídele que te recuerde a tu Jesús.

Al Espíritu Santo que ama al Verbo tanto como el Padre, dile que te enseñe la esencia del amor. Él quiere derramar sus dones y sus frutos, y no halla recipiente que los reciba. No lo entristezcas y conserva puro to conciencia.

Mi Corazón padece al ver cómo el Espíritu Santo es casi un desconocido para el mundo, extiende su devoción, su reinado, que es el eje de todo puro y santo.

Tú también, como mi discípulo que eres, tienes que dar testimonio de Mí, y lo darás amando y haciendo amar al Padre y al Espíritu de amor.

¡Ven para darte mi mismo Espíritu Santo! ¡Ven!

ACCIÓN DE GRACIAS

Jesús Eucaristía, dame tu Espíritu Santo, quiero ser su templo vivo, para que habite en mí. Dile que penetre en mi inteligencia para que en ella reine tu Luz; que absorba mi voluntad para que con ella irradie la santidad de tu Corazón, que reine en todo mi ser y en todos mis actos, palabras y pensamientos para vivir una vida *a lo divino*, haciendo siempre tu Voluntad. Quiero que sea mi Director, mi Guía, mi Consuelo, mi Fuerza, para sacrificarme con gusto en cualquiera cruz.

"El Amor de Dios se difunde en el alma por el Espíritu Santo",[65] y hace fácil por la gracia lo que es difícil a la naturaleza. Él hace apreciar lo terreno en su justo valor y que el alma aspire lo celestial; pues lléname de tu benéfica influencia, mi buen Jesús, igual en todo al Padre y a ese Divino Espíritu.

María, Esposa del Espíritu Santo, dile que venga a reinar en el mundo entero, que envié apóstoles de fuego que extiendan su devoción y lo hagan amar,

---

65   Rm 55

porque quien esté poseído de su unción, amará la cruz, al Verbo igual al Padre, y a Ti, Reina de los apóstoles.

Espíritu Santo, fuego misterioso y divino que fecundizas todo lo que tocas, hazme santo con la recepción diaria del Cuerpo y la Sangre de Jesús, y levanta mi corazón a deseos celestiales. Amen.

PENSAMIENTOS Y VIDA

Los que llevan consigo al Espíritu Santo, no se envanecen y están convencidos de su propia miseria; viven con su mirada fijo en el cielo, sin descuidar los compromisos de la tierra.

Que el Espíritu Santo, fuente de toda pureza, nos la comunique por medio de la Cruz, y guarde siempre nuestro cuerpo y nuestra alma puros y sin mancha.

COMPROMISO

Espíritu Santo, extenderé tu devoción por cuantos medios estén a mi alcance, y bajo tu influencia divina todo lo que veré con mayor claridad.

+ Espíritu Santo, te pido por todos los Pastores de la Iglesia.

+ Jesús concédenos, por la acción del Espíritu Santo, que las familias den testimonio de Ti en el mundo.

13
YO SOY EL CAMINO
(Jn 14:6)

*Jesús, EL Camino, viene a quien
lo busca, para tomarlo
de la mano y llevarlo
a la Casa del
Padre.*

"Yo soy el Camino... nadie va al Padre sino por mi".[66]

Yo soy el Camino y me presento a ti en la Eucaristía, que es el camino que buscas entre obscuridades, camino seguro, aunque lleno de espinas.

¿Quieres tomar ese camino, quieres seguirme? *"Pues el que quiera venir en pos de Mí, niéguese a si mismo, tome su cruz, y sígueme"*.[67]

¿Esto te espanta? ¿Acaso no es una dicha sufrir por quien se ama? A nada puede llamarse sacrificio en el lenguaje del amor. Para quien vive en comunión

---

66   Jn 14, 6

67   Mt 16, 24

con Jesús Eucaristía todo es posible. Camina hacia el Calvario, y muy pronto te verás transformado, porque mi *"yugo es suave"*[68] y la cruz lleva al que la lleva con amor.

No temas entrar hoy por este Camino-Jesús, que no te abandonaré, seré tu Cirineo, cruzaré contigo en el desierto llevándote entre mis brazos. En las obscuridades seré tu luz, en los peligros tu seguridad, en las tempestades tu calma y en las luchas tu fortaleza.

Para enseñar el sacrificio vine Yo a la tierra, y toda mi vida se resume en etas palabras: ¡inmolación por amor! Ven, pues, a Mí, abreme tu ser para ir Yo a ti, y encontrarás fortaleza en tus dolores. Entra en Mí y por Mí llegarás al Padre y al Espíritu Santo que serán tu dicha por toda la eternidad.

ACCIÓN DE GRACIAS

Jesús, Tú eres mi Camino, el cual recorreré abrazado a las cruces que te plazca enviarme, porque el amor se consuela cuando padece. Escuché tu voz que me

---

68 Mt 11, 30

decía en la cruz: "Heme aqui". Quiero enderezar mis pasos hacia Ti; el Calvario es el camino de los que aman, y el único directo para el cielo.

¡Dulce Madre mía, que conoces a Jesús-Camino y guía para la eterna gloria! Alcánzame la gracia de seguirlo hasta la muerte, negándome a mi mismo, abrazado a su cruz.

PENSAMIENTOS Y VIDA

"Tengamos plena seguridad de entrar en el santuario en virtud de la Sangre de Jesús que es nuestro Camino nuevo y vivo".[69]

COMPROMISO

Jesús, callaré en todas las contrariedades y no me disculparé hoy, para obsequiarte con el olvido de mí mismo y con la abnegación que sólo Tú ves.

---

69   Hb 10, 19

+ Señor, te ofrezco muchos actos de abnegación por los misioneros.

+ Jesús, que Tú seas el camino para todas las familias.

14

YO SOY LA VERDAD

(Jn 14:6)

*Jesús, La verdad, viene al que anda
en tinieblas, para darse a
Sí Mismo que es
Luz y Verdad.*

"Y adonde Yo voy ya saben el camino",[70] decía confidencialmente a mis discípulos anunciándoles mi separación., *"Señor, no sabemos adónde vas -dije Tomas-, ¿cómo podemos saber el camino? Yo soy el camino -le contesté- y la Verdad y la Vida."*[71] Yo soy el Camino con mi ejemplo, la Verdad con mi doctrina, la Vida con mi gracia.

Yo soy la eterna Verdad y *"Para eso vine al mundo -dije a Pilatos, y añadí- para dar testimonio de la Verdad, y todo el que es de la Verdad, escucha mi voz"*.[72]

---

70   Jn 14, 4

71   Jn 14, 5-6

72   Jn 18, 37

Y tú has escuchado mi voz, me perteneces a Mí, y por eso te amo tanto, y te doy mi mismo Cuerpo, mi Sangre, mi Alma y mi Vida. *"Venid a Mí todos"*[73] escuchaste y tus pies corrieron a buscarme, y abriste tu corazón a mis enseñanzas. Fiel a mi voz, te acercas hoy a recibirme y al mismo tiempo a beber esa Verdad que ilumina tu inteligencia.

Yo soy la Verdad por esencia y en ella se encierran todos mis atributos. Yo soy la Verdad eterna, el Verbo de Dios uno con el Padre, sin pasado, ni futuro, uniéndonos el Lazo de amor y de luz, que es el Espíritu Santo, siendo tres Personas en una misma substancia. En esta Verdad eterna están todos los atributos de Dios, que no son sino su misma Verdad infinita.

La Luz también está encerrada en esta Verdad, porque la Verdad es Luz y Luz eterna, sin sombras, y de una claridad infinita. Tú no lo puedes comprender, porque sólo Dios comprende este misterio.

La Verdad encierra la Vida atribuida al Espíritu Santo, que es la eterna fecundación en el Padre y tiene la

---

73 Mt 11, 28

misión de infundir la Vida, no sólo la material sino la vida de la gracia, cuya fuente es el Espíritu Santo.

La vida de la gracia crece a medida que el alma se abre para recibirla. Cuando el alma coopera, correspondiendo con fidelidad, se derrama en ella el Espíritu Santo con lluvia de gracias, con torrentes de luz, haciéndole conocer, amar y sentir asquella Verdad infalible, eterno Sol sin sombras, Mar de misterios quie se aclaran en esa luz de la Divinidad.

Ya que te di una ligera idea de esa Verdad, que soy Yo, vengo hoy a ti con todas mis riquesas y con mi luz a iluminar tus potencias divinizándolas.

Ven a beber de la fuente purísima de la verdad sin error, ven, que ella iluminará tu mente, y te hará distinguir el oro del oropel, lo verdadero de lo falso, lo que eres tú y lo que soy Yo.

No temas, que eres mío, y *Yo no vengo a condenarte, sino a salvarte.*[74] Yo vengo a dar testimonio de la Verdad. Acércate, ten confianza

---

74   Cf. Jn 3, 17

que aquí está ya la Verdad, que no puede engañarse ni engañar. ¡Ven, no te espante tu pequeñez, que Yo me convertí en Pan de vida para acercarme a ti!

ACCIÓN DE GRACIAS

¡Señor y Dios mío, Verdad eterna, Luz, Camino, Verdad y Vida, sólo comprensible para Dios!, yo te adoro, te bendigo y te alabo sin comprenderte. Creo que en tu Palabra de vida; y reconozco tu inmensidad y mi nada.

Verbo divino, que te hiciste hombre, y unes tu Cuerpo, Alma y Divinidad con todo mi ser por medio de la Eucaristía para hacerte uno conmigo.

¿Cómo pagaré en mi impotencia esa locura de amor? ¿Qué viste en mí, ¿Verdad soberana, que pudiera atraerte? La imagen de la Trinidad que llevo en mí, eso te hizo bajar de cielo para llevarme Contigo.

¡Siendo Dios, te hiciste alimento para entrar dento de mí y ahí difundir en mi corazón y mi inteligencia los fulgores de la Verdad, Los resplandores de lo divino, las irradaciones de toda la Trinidad!

Llegó tu caridad haste el último limite, me *amaste haste el fin.*[75] En la Eucaristía eres Dios con nosotros, y Dios en nosotros, tranformándonos en Ti, haciendo de dos vidas una sola vida.

Madre mía, conoces la Verdad-Jesús, por la acción del Espíritu Santo arranca de nuestras mentes el error para la luz de la Verdad, que es Jesús, penetre en nosotros, escuchemos su voz y lo sigamos.

PENSAMIENTOS Y VIDA

Para escuchar la voz de Dios, se necesitan unos oidos alejados del ruido del mundo y de las pasiones. No desoigamos la voz del Espíritu Santo porque contiene tesoros infinitos del amor de Jesús comprados por su Sangre; desechar sus inspiraciones es apagar esa luz y quedarnos en tinieblas.

---

75   Cf. Jn 13, 1

COMPROMISO

Jesús, Verdad terna, quiero escuchar tu voz para pertenecerte.

+ Jesús-Verdad, ofreceré hoy muchos actos de correspondencia a tu amor en favor de los incrédulos que te niegan.

+ Jesús, concede a las familias vivir en la Verdad que eres Tú.

15
YO SOY LA VIDA
(Jn 14:6)

Jesús, Vida verdadera, increada, sin principio y sin fin, viendo al que muere por el pecado, para comunicarle vida.

"Yo soy la vida". Vida sobrenatural, divina y celestial, vida de la gracia, vida verdadera, en comparación de la cual la de la tierra es sombra.

En la Eucaristía me he quedado para darte esta Vida, es decir para darme a Mí mismo, que soy la Vida, porque quiero vivir dentro de ti, en tus facultades, tu alma, los sentidos de tu cuerpo, en cada gota de tu sangre.

Quiero infundir en tu ser, rasgo por rasgo, mi humildad, celo, obediencia y espíritu de abnegación, mi sencillez, mi paciencia, el amor a la cruz.

"Yo he venido para que tenga vida, y vida en abundancia",[76] ¿y de qué manera más perfecta puedo comunicártela que en la Comunión? Pues bebe, sáciate del que es la vida.

Mi vida, a mi paso por la tierra, la traduje en paciencia, sencillez y caridad: *"Pasé por el mundo haciendo el bien"*,[77] aunque me envolvieron el odio, las criticas y las calumnias de mis enemigos.

Mira y aprende el silencio y las virtudes eucarísticas, y cópiame en todo tu ser. Quiero trasladar mi Corazón vivo al tuyo, y, si te prestas, quitar tus malas inclinaciones y vicios; ya no vivirás tú, sino Yo en ti, con una vida de intimidad, con una divina transformación, habiendo en ti el Espíritu Santo. Ama con todas tus fuerzas a ese Santo Espíritu que gobierna por el amor.

La santidad es fruto de actos constantes de amor; pues ámame quitando activamente cuanto me aparte de ti; forma el vacío en ti, negándote con la mortificación para llenarte de Mí.

---

76   Jn 10, 10

77   Hch 10, 38

Come mi Cuerpo, bebe mi Sangre, satisface tu hambre de lo divino, recibiendo al Camino, a la Verdad, a la Vida. Cada mañana mi Corazón te espera. Yo no quiero que mueras, teniendo aquí la Vida en abundancia,[78] tengo predilección por ti.

Ven a Mí con humildad y confianza, con ardiente amor. Y después, contémplame, calla, goza y admira, abismándote en lo profundo de Mí mismo y de tu nada.

ACCIÓN DE GRACIAS

Jesús, dame tu amor, pues el que no tiene amor, no tiene vida, y yo quiero vivir amando. Deseo vivir al impulso del amor y del sacrificio, que me enseñas en la Eucaristía. Desde tu cuna hasta el Calvario, y desde el Calvario hasta que queda un altar en el mundo, Tú serás Victima, mi Jesús amadisimo, inmolándote incesantemente por el hombre. Pues yo me daré a los demás sin pensar en mí, haciéndome todo para todos, que las fuerzas me las dará el amor.

---

78 Cf. Jn 10, 10

Yo siento circular por mis venas esa vida en abundancia; concédeme, Señor, la gracia de que pueda emplearla toda en favor de la Iglesia, de tu gloria y de la salvación del prójimo.

Yo no quiero más recompensa en la tierra que poder hacer el bien. Yo te pido la gracia de saber sacrificarme por Ti con amor.

¡María, buena y celestial Madre, que diste la vida humana a la Eterna Vida!, ¡Yo no moriré si vivo de esa vida, siendo sólo mi muerte un sueño del que despertaré en tus brazos! Entre tanto, yo te ruego que en cada respiración y aliento me des a tu Jesús, justamente con tu corazón para obsequiarlo.

PENSAMIENTOS Y VIDA

En las contrariedades con las personas, tener afecto; en las de las cosas, oración; y sobre cada herida que sangre en mi corazón pronunciaré estas palabras: ¡Dios lo quiere! Para quien esté unido verdaderamente a Dios, no debe haber penas, ocupaciones, ni dolores que distraigan la memoria del que es la Vida, Jesús.

COMPROMISO

Fácil es decirte: *"Señor, te amo"*, pero si no lo acompaño de la mortificación cristiana, es vano y sin fundamento, porque el amor propio lo ocuparía todo en mí.

+ Senor, ofreceré hoy muchos actos de abandono a tu Voluntad por la paz de tu Iglesia.

+ Jesús, ayuda a las familias a valorar el don de la vida y a defenderla en las situaciones de peligro para que reine la civilización del amor.

16

YA LO HE DICHO
PERO NO CREEN QUE YO SOY
(Jn 10:25)

Jesús, modelo de todas las virtudes, viene
al que necesita ver con los ojos
de la fe, para enseñarle
a creer y a amar.

"Hasta cuándo nos vas a tener en suspenso? Si eres el Cristo, dinoslo abiertamente",[79] me dejaron un día los judios que me rodeaban.

"Ya lo he dicho a ustedes, pero no me creen" -les conteste- *"Las obras que hago en nombre de mi Padre son las que da testimonio de Mí; pero ustedes no creen porque no son de mis ovejas. Mis ovejas escuchen mi voz; Yo las conozco y ellas me siguen. Yo les doy vida eterna y no perecerán jamás; nadie las arrebatará de mi mano"*.[80]

---

79   Jn 10, 24

80   Jn 10, 25-28

¡Cuántas veces les di a entender de mil maneras mi Divinidad! ¡Cuántas otras claramente les decían que *Yo era el Mesías prometido*, el Principio de todas las cosas, el Camino y la Verdad y la Vida, ¡y cerraron sus oidos y su corazón a mi voz! ¡Cuántas como la *gallina a sus polluelos, quise cobijarlos con mis alas y huyeron de Mí!*[81]

Pero tú, si me sigues, tú vienes a buscarme en la Eucaristía, me dices que me perteneces, que quieres escuchar mis enseñanzas, que crees en los misterios de mi Divinidad, aunque no lo comprendas, que todas mis obras te dan testimonio de la caridad de tu Dios bondadoso que *"no quiere la muerte del pecador, sino que se convierta y viva".*[82]

¡Bendita fe que hace los santos!, y la obra más agradable a Dios, es que *"creo en quien Él ha enviado".*[83] *"El que cree en el Hijo de Dios, tiene vida eterna".*[84]

---

81 Cf. Lc 13, 34

82 Ez 33, 11

83 Jn 6, 29

84 Jn 6, 40

Cree, consolida tu fe, y *"nadie te arrebatará de mis manos"*.[85] *"El justo vive de fe"*.[86]

Crecer en el espíritu de fe es tu santificación. Este espíritu consiste en creer, vivir y hacer todo iluminado por la fe, orientado a esa luz los instintos de la naturaleza: gustos, costumbres y aspiraciónes, haciéndolo con un fin sobrenatural. Que la presencia y el sentimiento de Dios te acompañen siempre.

La Eucaristía te está diciendo siempre: *"Yo soy"* la Bondad, la Ternura, la Caridad, la Pureza, tu Redentor, tu Salvador, el que sueñas por la noche y llamas durante el día, tu Compañero, tu Fortaleza.

Ábreme tu corazón porque quiero poseerlo y enseñarte a mirar a la luz de la fe y del amor.

ACCIÓN DE GRACIAS

Jesús, ¿quién más digno de ser amado que Tú? Rasga los velos que te cubren a mi vista y úneme a

---

85 Cf. Jn 10, 28

86 Hb 10, 38

Ti para siempre. *"Mi vivir es Cristo"*,[87] para esa vida nací y de esa unión se sigue la vida sobrenatural y divina. Esta unión es mi fin, es el cielo, porque el cielo es la unión de la criatura con Dios, y esta vida no es más que el aprendizaje para adquirir los grados de unión Contigo.

Jesús Eucaristía, de esta intimidad tienes deseos ardientes: es la sed que consumía en el pozo de Samaria y en la Cruz. Esa caridad tuya me impulsa, me sostiene y me comunica el secreto de todas las virtudes.

Jesús, mírame es estos instantes con aquella mirada detenida, penetrante, divina, que traspasa secretos y misterios, que rasga el velo de la conciencia, que sondea los corazones, que mira y se detiene ¡amando! Necesito *saber* de ese amor, *sentir* ese amor, *recordar* ese amor, y la Eucaristía es la comunicación en que se traslada el Amor mismo al corazón que le ama.

---

87   Flp 1, 21

María, que viste siempre a Dios por la limpieza de tu corazón, acrecienta mi fe y la pereza de corazón para ver en todo a Dios.

PENSAMIENTOS Y VIDA

El corazón puro no sabe más que amar, porque posee la fuente del amor que es Dios.

Cuando Jesús vive en mí, mi voluntad es la suya.

COMPROMISO

Jesús, concédeme vivir con los ojos fijos en Ti para que me enseñas a mirar todo a la, luz de la fe.

+ Señor, te ofreceré hoy muchos actos de fe por los que no creen en ti.

+ Jesús, aumenta en todas la familias su fe en Ti.

17

SI NO CREEN QUE YO SOY, MORIRÁN EN SU PECADO
(Jn 8:24)

Jesús, el Señor, viene al corazón
que desea amarlo, para
enseñarle, el
Evangelio.

"Si no creen que Yo soy", -dije a los judios enseñando en el Templo-" *morirán en su pecado"*. Pero a ti no van dirigidas estas palabras; gra+cias a mi Padre, tú crees que *Yo soy el Verbo hecho carne* [88] que bajó del cielo al seno virginal de María; que nací en un pesebre en suma pobresa, que hui a Egipto, que obedecí treinta años a José y a mi Madre Santísima trabajando oculto en un taller; que recorrí los pueblos haciendo el bien, sanando, consolando, resucitando y siendo todo para todos.

Tú crees que Yo soy el que agonizó en el Huerto de los olivos aceptando el cáliz humillante de la Pasión;

---

88   Cf. Jn 1, 14

que fui abandonado, traicionado, calumniado, acusado, coronado de espinas, azotado y sentenciado a muerte. Que llevé la cruz sin quejarme, y que, en ella, clavado, expiré entre espantosos tormentos en favor de mis enemigos con divina caridad. Tú crees que permití que una lanza atravesara mi Corazón abriéndote en él la entrada al cielo.

Tú crees que estoy realmente presente en la Eucaristía y que no hay un solo instante en el que cese mi inmolación en los altares, glorificando a mi Padre con mi Sangre redentora que lava los crimenes del mundo.

Sí, tú crees lo que Yo soy, lo que he hecho en favor de los hombres, y por eso no morirás en tu pecado, porque *el que cree en Mi se salvará.*[89]

¡Ven a recibir al Cordero de Dios que quita los pecados del mundo! Una sola Comunión basta para destruir defectos, implantar virtudes y hacer los santos. ¿No sientes ya sobre ti mi mirada de infinita ternura que te envuelve? Acércate, Yo soy Jesús, la

---

89 Cf. Mc 16, 16

Fuente de la fidelidad, que quiere saciar tu sed.
Quiero ser tu consuelo, tu compañero inseparable hasta llevarte a los esplendores eternos, comunicándote el germen de la resurrección. Yo soy prenda segura de Vida. Ven, ven.

ACCIÓN DE GRACIAS

Jesús de todo mi ser, en quien creo, en quien espero y a quien *amo* con todas las fuerzas de la naturaleza y de la gracia. ¡Todo eres caridad, dulzura y bondad inagotable!

Creo que eres el *"Señor mío y el Dios mío"*.[90] Creo todo lo que la Iglesia enseña.

Yo no quiero morir en mi pecado, Jesús, sino sálvame por tu Sangre. Me pesa en el alma haberte ofendido.

Yo me entrga a Ti para siempre, rogándote que aceptes cuanto soy. Yo no sé amar, si Tú no me enseñas; yo no sé unirme a Ti, si Tú no me unes.

90   Jn 20, 28

Sólo Tú eres mi camino, mi salud y el aliento de mi debilidad.

¡Oh María, fiel siempre a tu Jesús en todos los pasos de su vida!, enséñame la abnegación y entrega. Hazme conocer Más y más a Jesús, para imitarlo en su amor sin término. Amén.

PENSAMIENTOS Y VIDA

Gran parte de nuestros males proceden de nuestra imaginación por la idea exagerada que nos hacemos de nosotros mismos y de nuestros méritos, queriendo agradar nuestro sitio en el mundo.

La humildad es la verdad. Dios es todo y nosotros nada, y Dios nos ama así pequeños.

COMPROMISO

Señor, quiero hacer mucho acto de fe y buenas obras para *no morir en mi pecado; porque la fe sin obras es de muerta.*[91]

---

91 St 2, 17

+ Señor, te ofreceré hoy muchos actos de fe, de esperanza y de caridad por las intenciones del Papa y la propagación de la fe.

+ Que las familias, Señor, crean en Ti y vivan de acuerdo con su fe.

18
ME LLAMAN MAESTRO Y DICEN BIEN:
YO LO SOY DE VERDAD
(Jn 13:13)

Jesús, Maestro, viene al discípulo
atraido por el bien, para
iluminar su inteligencia
con la luz de la
Verdad.

"Me llaman Maestro y dicen bien: Yo lo soy de verdad", dije un día a mis discípulos, y te lo repito a ti, Soy tu Maestro; *"y el mandamiento mío es que se amen unos a otros, como Yo los he amado"*.[92] *"Si observan mis preceptos, permanecerán en mi amor"*,[93] y por esto *"conocerán todos que son mis discípulos..."*[94]

---

92   Jn 15, 12

93   Jn 15, 10

94   Jn 13, 35

¿Y cómo los he amado Yo? No con palabras, sino hasta la muerte y *muerte de cruz*; todo lo enseñé con mi ejemplo: la abnegación, la caridad, el sacrificio, la misericordia, etc.; te invité a seguirme, caminando adelante y entregándome a todos los sacrificios de alma, de corazón, hasta dar la vida por ti. *"Les he dado ejemplo;*[95] *y el diiscípulo no es superior al Maestro".*[96]

Sigue el programa de santidad que propuse al joven del Evangelio. cuando un día me preguntó: *"Maestro bueno, ¿qué debo hacer para conseguir la vida eterna?"* --Guarda los mandamientos, le contesté.- *"Todas esas cosas las he observado desde mio juventud",* -me contestó– *"Una cosa te falta, sin embargo",* añadí. *"Si quieres ser perfecto, anda, vende cuanto tienes, dalo a los pobres, que así tendrás un tesoro en el cielo, y ven después y sígueme".*[97]

¿Qué me dices a todas estas enseñanzas? ¿Se encuentra tu corazón dispuesto para seguir este

---

95 Jn 13, 15

96 Mt 10, 24

97 Mt 19, 16-21

124

camino de santidad? Nada hay imposible para el que ama. Examina *qué cosa te falta*, y vive las sólidas virtudes, amándome a Mí con todo tu corazón, con todo tu alma, con todas tus fuerzas, y al prójimo en Mí y por Mí, como a ti mismo.

"El que guarda mis mandamientos, me ama y Yo le amaré y me manifestaré a él ".[98] Ahora, siquieres seguirme más de cerca, si tienes vocación religiosa, no la dejes pasar, que es una perla del cielo; sigue entonces mi segundo consejo, y despréndete de todo para unirte a Mí.

En la Eucaristía estoy Yo mismo y te daré las fuerzas sobrenaturales que se necesitan para poner en práctica mis lecciones. Acércate como el discípulo amado, bebe de las fuentes de mi Corazón.

ACCIÓN DE GRACIAS

Jesús, Maestro bueno, mi Señor y mi Dios, ¿con qué pagar las santas enseñanzas que me has dado y a Ti mismo en ellas? Te alabo con mis potencias, sentidos, cuerpo, alma y todo mi ser. Toda mi vida

---

98   Jn 14, 21

quisiera emplearla en darte gracias por tus lecciones. *"Una cosa te falta"*, dijiste al joven del Evangelio, y a mí me faltan muchas. Me falta humildad, paciencia, espíritu de mortificación, caridad para con el prójimo y tantas otras virtudes, Se conocerá que yo soy tu discípulo, si amo a mis hermanos con tu mismo amor.

María, mi Madre, alcánzame la gracia de aprender a amar, aprovechando las lecciones de mi divino Maestro.

PENSAMIENTOS Y VIDA

Un corazón egoísta se complace en ser amado; un corazón cristiano, en amar y sin recompensa.

¿Puede decirse con verdad que se ama cuando no se da algo que cueste?

COMPROMISO

Señor, cuando no pueda disculpar la acción, que sepa disculpar la intención del prójimo, y no tenga una medida chica para dar y otra grande para recibir.

+ Jesús, que los padres de familia y los maestros enseñen a los niños y jóvenes a conocerte,

+ Señor, que las familias sean escuelas de santidad.

19

MI PADRE Y YO
SOMOS UNA SOLA COSA
(Jn 10:30)

*Jesús, Dios y hombre, uno con el
Padre, viene a su criatura
limitada y pobre, para
hacerle conocer su
Divinidad.*

"Mi Padre y Yo somos una sola cosa" decia Yo a los judios. *"Si no hago las obras de mi Padre, no me crean; pero si las hago, crean por las obras, aunque a Mí no me crean, así sabrán y conocerán que el Padre está en Mí y Yo en el Padre".*[99] Por mis obras debían creer que no soy sólo un hombre sino Yo soy Dios con todo el poder del Padre y la potestad de perdonar, de salvar, de curar, de resucitar y de tantas maravillas como obré a mi paso por la tierra.

---

99   Jn 10, 37-38

Pero cerraron los ojos a la luz de la verdad, no creyeron en Mí ni en el Padre que me envió, y cogieron piedras para lanzármelas, querían prenderme, y no saciaron su odio hasta que me dieron muerte, clavándome en la Cruz.

Tú sí vislumbras a ese Dios-Caridad, *cuyo ser es darse y comunicarse*, un solo Dios en tres Personas: Padre, Hijo y Espíritu Santo, que se dan sin consumirse, en una eternidad sin tiempo, en una inmensidad sin límites, en un mar de perfecciones sin fondo ni riberas, de Dicha en la misma Dicha, de Amor y de Vida en la misma Vida.

Tú sí crees que *el Padre y Yo somos una misma cosa*, y que la Encarnación, la Redención, la Iglesia y la Eucaristía y todas las obras fueron hechas por el Dios-hombre, por el Verbo hecho carne, inseparable del Padre y del Espíritu Santo. ¡Hermosa fe que será premiada con la posesión de la misma Trinidad Santísima! Recíbame, acércate a comulgar a tu Dios, al Verbo hecho hombre como tú. Míralo; escucha cómo te llama por tu nombre, ¡Ven!

ACCIÓN DE GRACIAS

Jesús, yo me gozo al verte vivo en tu santo Evangelio. Ahí está el Verbo, es esas páginas, a las que el Espíritu Santo les da vida, vibrando la Palabra eterna; ahí está el Padre en Ti. Ahí estás Tú entre nosotros, con tu santidad, bondad, misericordia y amor. Ahí, como en la Eucaristía, está el Buen Maestro, el Buen Pastor, el Pan de la vida, la Luz del mundo, el mismo Jesús que escogió *esa manera nueva de permanecer entre nosotros.*

Jesús, te ruego que me hagas conocer más y más al Padre amado, uno Contigo que está en los cielos; y que es "Padre nuestro".

Dile que envíe obreros a su viña, que extiendan su reino con el de la Cruz, que es el Evangelio, y el reino del dolor y del amor con la devoción al Espíritu Santo. Dile que sólo una cosa ansió en la tierra, y que ésta es ver cumplida su Voluntad en mí y en todas sus creaturas.

Dile, mi buen Jesús, que no haya un solo día, en que no me dé el Pan de la Vida, la divina Victima como alimento.

María, Madre mía, que has oido todas mis peticiones al Padre amado, apóyalas con tus ruegos. Amén.

PENSAMIENTOS Y VIDA

Todo me viene de Dios que es mi Padre.

Serán santos en el cuerpo y en el alma, si el Evangelio está en sus labios y en su corazòn.

COMPROMISO

Jesús, Hijo del Padre, me propongo leer todos los días algunos versículos del Evangelio, meditándolos, y así avivar en mí tu Espíritu de Hijo, que es el Espíritu Santo.

+ Señor, te ofreceré hoy meditar despacio el Padrenuestro en favor de todos miembros de los colegios y universidades.

+ Que, en las familias, Señor, reine la unidad para que sean reflejo de la Trinidad.

20

USTEDES SON DE ACÁ ABAJO; YO SOY DE ARRIBA
(Jn 8:23)

*Jesús, el Señor, viene a su criatura,
que se satisface con los bienes
de la tierra, para descubrirle
las delicias de la vida
espiritual.*

"Ustedes son de acá abajo; Yo soy de arriba", dije a mi paso por la tierra. ¿A qué vine? Vine a sacarte de la miseria en que yacías y a elevarte a la dignidad de hijo de Dios, Quiero hacerte ver que eres la obra maestra de mi poder.

Las tres Divinas Personas te ha comunicado un reflejo de sus perfecciones, haciéndote inteligente, libre, espiritual, activo, una expresión de su grandesa.

Te creó el amor, eres el objeto de mi ternura, eres lo que vine a buscar a la tierra y que persigo con toda la fuerza de mi caridad en la Eucaristía.

Tú eres de la tierra, pero tuviste un Salvador que es del cielo y vino a unir, a juntar esos dos polos con el imán poderoso del amor; a comprarte con el precio de su propio vida; por eso vales más que todas las maravillas del firmamento, y eres superior a los astros, porque *vales la vida de tu Jesús* siempre dispuesto a sacrificarla por ti.

Todos los instantes subo por tu bien a nuevos calvarios en los altares, y estoy en la Eucaristía, dispuesto a derramar mis gracias sobre todos los hombres.

¿Has considerado una vez estas verdades?

Ama tu vida, que es una creación de amor que ha salido del Corazón de Dios y que allá debe volver; sé un altar para recibirme y adorarme en todas las ocasiones. *Eres de la tierra, sí;* pero, transformado en Mí, *serás del cielo,*

¿Qué harías si en estos momentos te preguntara qué has hecho de tu vida? Ven a divinizarte con mi contacto, a dejar tus vicios y a encausar tus tendencias, y desde ahí sube hasta Mí para que seas, a mi imagen, plenamente humano y plenamente divino. Ven.

ACCIÓN DE GRACIAS

Jesúis, te doy gracias con gratitud y amor. Inclinado a las cosas de acá abajo, he dejado de levantar mis ojos a ese lugar en que Tú habitas, a ese paraiso de delicias y gozo que excede a todo humana comprensión: ¡el cielo! De allá eres Tú, Jesús, hecho Eucaristía para divinizarme y poder así lleverme a disfrutar de tu compañia.

Tú *"No quieres la muerte del pecador, sino que se convierta y viva"*.[100] Levanta mis ojos, mi espíritu y todo mi ser, para que te busque, Bien infinito, en quien están encerrados todos los bienes. Las penas pasan y el premio será eterno, la prueba es corta y el cielo perdurable. Allá los que lloran serán consolados, los limpios de corazón serán felices. Llévame contigo y comunícame tu parecido con el

---

100 Ez 33, 11

alimento de tu Sangre y de tu Cuerpo, transformándome en ti Crucificado, Comulgando todos los días tu Padre me recibirá y entonces seré de allá arriba.

¡María, que viviste en la tierra una vida toda celestial y divina!, alcánzame vivir en el mundo haciendo mis obras con una muy grande pureza de intención. Amén.

PENSAMIENTOS Y VIDA

Si quieren que Dios los escuche, escuchenlo.
La santidad depende menos de lo que hacemos que de la manera de hacerlo.

"Tanto vales, cuanto vale tu oración", decía San Juan de la Cruz.

Tu vida en Dios en tu vida.
Mis pies en el suelo, pero mi corazón en el cielo.

COMPROMISO

Jesús, que hoy no te pierda de vista y que cada día haga un momento de oración, éste es el punto de partida de la vida interior.

+ Señor, te ofreceré hoy muchas comuniones espirituales en favor de las comunidades y personas consagradas a Dios.

+ Jesús Eucaristía, que las familias cultiven la vida interior para que estén cerca de Ti.

21
NO ME HAN ELEGIDO USTEDES A MÍ;
YO SOY QUIEN LOS HA ELEGIDO A USTEDES
(Jn 15:16)

Jesús, viene a quien Él ha elegido,
para manifestarle sus
predilecciones
de amor.

Un día, en que les enseñaba a mis discípulos la ley del amor, les dije: *"No me han elegido ustedes a Mí, sino que Yo los he elegido a ustedes... de modo que todo lo que pidan al Padre en mi nombre se lo conceda"*.[101] Y tú eres de esos hijos predilectos de mi Corazón; vuelve tu vista atrás y cuenta, si puedes, las gracias que te ha concedido mi bondad.

---

101 Jn 15, 16

Cuando todavía no eras, ya tenía Yo tu nombre escrito en mi Corazón. Muchas creaturas me hubieran servido y amado mejor que tú, pero tú eras quien Yo escogí desde la eternidad; y me rcgocijaba en darte el ser, en impregnarte de gracias, en prepararte, con el convite eucaristico, una cruz como precioso regalo de mi ternura.

Sabía que tus padres habían de morir, pero Yo *no te dejaría huérfano*; ellos al expirar dejan bienes, pero no puedan darse a si mismos; y Yo sí, porque todopoderoso e infinito, y más amarte que todos los padres, te doy mi Cuerpo, mi Alma, mi Divinidad. Como hoy este Bien infinito, porque ya sólo quiero ser uno contigo. *"Mi Carne es verdadera comida, y mi Sangre verdadera bebida. El que come mi Carne y bebe mi Sangre, permanece en Mí y Yo en él."*[102]

Vine al mundo, para acercarme a ti; por eso bajé del cielo, para tomar en María un Corazón que latiera al compás del tuyo; por eso padecí y morí en una cruz, para comprarte la dicha de tu reconciliación, darte sacramentos, y en ellos mi Sangre para lavar tus pecados. Por eso, en fin, estoy aquí en la Eucaristía,

---

102 Jn 6, 55-56

con un milagro de omnipotencia cubriendo mis esplendores para caber en las mismas telas de tu corazón.

Podrán faltarte en el mundo corazones que te amen, pero ¡Yo nunca! Siempre me tendrás en los altares, pronto en enjugar tus lagrimas, a recibir tus confidencias, a trasladar mi Corazón de mi pecho al tuyo.

Pues ha llegado el instante feliz de esta unión: soy Yo quien te eligió antes de que existieras.

Abre tu corazón con humildad, sí, pero con santo entusiasmo, que ya llego y penetro hasta lo íntimo de tu ser. ¡Ven, acércate!

ACCIÓN DE GRACIAS

Jesús, cierto es que yo no elegí a Ti, porque no te conocía, pero Tú sí me elegiste a mí, a pesar de conocerme. Jesú, me eliges sin merecerlo. ¿Qué viste en mí, Señor mio y Dios mio? Miseria y pobreza, por eso se movió tu caridad infinita.

¡Gracias, Jesús! Pido a María sus labios para con ellos repetirte: ¡Gracias! "muchos son los llamados y pocos los escogidos". [103] Confío en tu misericordia para no apartarme de Ti.

Dijiste a los que Tú habías elegido, que cuanto *pidieran al Padre en tu Nombre, lo concederías.* [104] Yo le pido hoy por la Iglesia para que la llene de bendiciones y triunfe de sus enemigos. Le pido fervor para las comunidades, paz para las naciones, pureza y virtudes para las familias, ¡y el reinado del Espíritu Santo y de la Cruz para todo el mundo!

¡Oh Madre mía, por ti tengo Eucaristía, tengo a Jesús que me conquista con sus ejemplos y sus ternuras! Gracias, Virgen santa, y dame tu mismo corazón para con él amar al que es Amar. Amén

PENSAMIENTOS Y VIDA

No perder tiempo es una de las virtudes más difícil de adquirir y saber ocuparse es la ciencia más *provechosa para la dicha y la virtud.*

---

103 Cf. Mt 22, 14

104 Cf. Jn 14, 13

COMPROMISO

Jesús, Tú me elegiste para que dé fruto y ese fruto sea duradero. Eso dijiste a tus apóstoles, y yo, en la medida de mis fuerzas, comunicaré tus enseñanzas a los demás.

+ Señor, te ofreceré hoy muchos actos de gratitud por todos los beneficios concedidos a los sacerdotes y religiosos.

+ Señor da a las familias fe y generosidad, para que sepa corresponder al llamado que Tú hagas a sus hijos.

22

YO SOY LA VID VERDADERA, Y MI PADRE EL VIÑADOR
(Jn 15:1)

*Jesús es la vid, que da verdadera Vida,
viene al débil, para alimentarlo con
su Sangre y comunicarle
fortaleza divina para
el sacrificio.*

"Yo soy la Vid verdadera, y mi Padre el Viñador": la Vid fecunda que da frutos de vida eterna, de la cual se extrae el verdadero vino que engendre vírgenes, mi Sangre exprimida en el lagar de mi Pasión dolorosa.

Mi Padre es el Viñador que cultiva esta Vid, que es tu Jesús. Él me ama y me sacrifica en tu favor; Él me ama con el amor infinito de que sólo Dios es capaz, y, sin embargo, *da a su propio Hijo por la salvación del mundo.*[105] Él, como verdadero Labrador, sembró, cultivó y cuidó con parental

---

105 Cf. Jn 3, 17

ternura esta planta, esta Vid cargada de racimos, de virtudes perfectísimas, nacida del seno de María y regada continuamente con gracias celestiales.

Mi Padre quiere que los sarmientos, unidos a Mí, la Vid, den fruto: porque *"el que no permanezca en Mí, será sacado fuera como inútil, no dará fruto y se secará pero el que permanece en Mí y mis palabras en él, pedirá lo que quiera y se le concederá, y con esto glorficará a mi Padre, y llevará mucho fruto y será mi verdadero discípulo".*[106]

Permanece en mi amor. Pero, ¿sabes tú qué es *permanecer en mi amor?* Es adelantar el cielo; es ya no hacer tu gusto, sino el de Jesús, o más bien, es tener con el un solo amor, un solo sentir y ser; es sufrir amando *con paciencia, constancia y gozo,* no mirando a la tierra, sino a la cruz. Es vivir en humildad y entrega; es llevar una vida de oración, de abnegación y de pureza sin salir de Mí, sin que le disipen las cosas del mundo, sin que le turben las adversidades de cualquier género; es estar siempre dispuesto a luchar de nuevo después de cada tormenta: *es amar, es amar,* y ya sabes que el amor hace fácil todo lo dificil y dulce todo lo amargo.

---

106 Jn 15, 6-8

Deja de existir para ti, y dame no sólo las flores y los frutos, sino también el tronco, las ramas y la raiz. Quiero todo el sarmiento para Mí como toda la Vid es para ti.

Déjate a mi imitación en manos de mi Padre, el Viñador, y que él piense en tu alma, viva en tu cuerpo, ame en tu corazón, para que tengan valor sobrenatural todos tus actos y seas la reproducción de la misma Vid, *permaneciendo en mi amor*.

Si esto es así, tendrán eficacia tus sacrificios y oraciones, porque todo lo que pidas al Padre unido a Mí, te lo concederá.

Ven a tu Vid, Jesús, que quiere alimentarte con su substancia. Ven Para presentarse con mi Padre, el Viñador, y decirle que eres mío, que mi jugo te da vida, y que sólo quieres crecer y desarrollarte en sus manos. Ven a enraizar en la tierra fecundísima de mi Eucaristía.

ACCIÓN DE GRACIAS

Jesús, quiero permanecer en tu amor, santificándome bajo la mano bendita de tu amado Padre, que es el mío.

La santidad no es otra cosa sino la reproducción de Tu vida en nosotros.

Ser santo es hacerlo todo *por Ti, por tu amor, por ser quien eres; Contigo, es deciir en tu unión,* sin perderte de vista jamás; y en Ti con gran intimidad y santa confianza, viendo por tus ojos, oyendo por tus oidos, obrando con tus manos, caminando con tus pies, sintiendo con tu mismo Corazón: ¿Verdad Jesús, que esto es permanecer en tu amor? Qué horizontes se me abren en estas palabras.

Aquí tienes a tu pobre plantita deseosa de ser cultivada por tu Padre celestial, Quiero dar fruto de virtudes *permaneciendo en tu amor*; quiero que todas mis facultades, todas las energías de mi voluntad estén al servicio de este fin supremo: ¡el amor! Que ese amor me una Contigo y que me haga permanecer siempre en Ti, abandonado a tu voluntad.

¡Madre Santísima, que como ninguno criatura permanenciste unida íntimamente a tu Jesús!, alcánzame la gracia de quitar todo lo que me aparte de Él. Amén.

PENSAMIENTOS Y VIDA

La prueba del dolor hace permanecer en el amor.

La gloria del Padre está en que demos mucho fruto.

COMPROMISO

Siempre que dé la hora el reloj me propongo *permanecer en tu amor*, Jesús, que no sé en cual de ellas me llamarás.

+ Padre, te pido por la unión con Jesús de todo el universo y de la Iglesia.

+ Que las familias vivan unidas a Ti, Vid verdadera.

23

YO SOY LA PUERTA;
SI UNO ENTRA POR MÍ
ESTARÁ A SALVO
(Jn 10:9)

Jesús, es la Puerta.por donde se entra al Paraíso,
se abre a quien ha perdido el sendero
y quiere encontrarlo, lo invita con
caridad, para hacerle el bien
y enseñarle a ser feliz
eternamente.

"Yo soy la puerta, quien entra por Mí, estará a salvo; entrará y encontrará pasto".[107] No sólo soy el Camino, sino también la Puerta por la cual quiero que entres sin vacilar, porque el que no pasa por Mí, no puede llegar al Padre ni entrar en el reino de los cielos.

"Pidan y recibirán" dije un día; *"llamen y se les abrirá";*[108] y para no pasaras por muchas puertas

---

107 Jn 10, 9

108 Cf. Mt 7, 7; Lc 11, 9

que no eran Yo, y para que no te cansaras en muchos caminos, hice abrir con una lanza mi Corazón, para que entres por su ancha herida, para que no tengas el trabajo de tocar, y internes hasta lo más íntimo de mi Corazón en donde todos los bienes se atesoran.

Yo soy Jesús, quien todo facilita para tu bien; pero tocando los papeles, Yo sí que encuentro cerrado tu corazón y estoy *"a la puerta y llamo"*.[109] Soy el que te ama y estoy en la Eucaristía, pidiendo que me abras de par en par la puerta de tu corazón; soy el que siempre te busca, y como un mendigo, sin cansarse jamás, espera a las puertas de tu corazón.

Abre para entrar y enriquecerte con mis gracias. Dios no quiso ser feliz sin el hombre. Y por eso bajó el Verbo divino al mundo, se encarnó en una Virgen y se hizo Eucaristía.

Pues aquí me tienes, quita todos tus obstáculos; limpiate con la contrición, vacíate de todo pecado, adórnate con la *pureza, la humildad y el amor*, que esto deseo para establecer en ti mi morada.

---

109 Ap 3, 20

"El Maestro está aquí y te llama",[110] quiero entrar en ti, y que tú entres en Mí; en ti a quien amo con predilección infinita. No se turbe tu corazón, que soy el Dios de paz, el que tiene su dicha en hacerte feliz.

Entra en Mí, quiero mostrarte tu nombre escrito en mi Corazón y que me muestres el Mío en el tuyo, ahora que tome posesión de lo que por tantos títulos me pertenece. Dame cuanto eres: alma, vida, sentidos, potencias, ternuras y hasta tus pecados para perdonártelos.

¿Qué te detiene? Ven, que estas muy lejos. Ya abro mi pecho, abre tú el tuyo, y estrechémonos en un abrazo de amor, perdiéndote tú en mi Corazón y Yo en ti. Ven.

ACCIÓN DE GRACIAS

Jesús, entremos los dos mutuamente por las puertas de nuestros corazones; yo quiero entrar en Ti y salvarme; entra Tú también en mí, y tómame

---

110 Jn 11, 28

como posesión tuya.

Jesús, que como pordiosero tocas a las puertas de mi corazón y esperas día y noche a ser escuchado. Tú eres mi Bien, mio Esperanza segura, mi puerta del cielo, reina en mí, abrásame y hazme arder en tu santo fuego.

Jesús, quiero entrar en tu Corazón. Ya no necesitarás llamar a mi puerta, pues siempre estará abierta para Ti y cerrada para el pecado.

Soy indigno y pecador, pero tu placer es dar, Jesús, y yo tiendo mis manos hacia Ti, que jamás *despreciarás a mi corazón contrito y humillado.*[111]

Te entrego mi voluntad, trabajos y deseos, cuerpo y alma, todo lo que soy, tengo y pueda tener. Acéptame, recíbeme, y nunca jamás dejes lo que te pertenece.

María, Madre de Dios y madre mía, cierra tú con el candado del amor las puertas de mi ser, para que Jesús ya no puede salir. Amén.

---

111 Sal 50, 19

PENSAMIENTOS Y VIDA

Padecer, trabajar y sonreir, gozándose en cualquier cruz.

Nada pedir, nada rehusar.

Nada pediré para mí, sino agradar de continuo a mi Dios.

COMPROMISO

Jesús, quiero converir toda mi vida en ofrenda para la mayor gloria del Padre, tus gustos serán mis gustos y tu oblación la mía.

+ Señor Jesús, ofreceré hoy muchos actos de dominio propio en favor de los colaboradores del Papa.

+ Que las familias entren por Ti, Puerta-Jesús que conduces al Padre.

24

CUANDO SEA LEVANTADO EN ALTO EL HIJO DEL HOMBRE, ENTONCES SABRÁN QUE YO SOY (Jn 8:28)

Cristo victorioso, levantado en la Cruz, vino al mundo para atraer a todos hacia Sí, para enseñarnos el verdadero amor e infundirnos valor y fortaleza en la práctica de las Virtudes.

"Cuando hayan levantado en alto al Hijo del hombre, entonces conocerán que Yo soy".[112]

¿Verdad que clavado en la cruz es en donde tú mejor me has conocido?

¿Verdad que viéndome ahí no has podido dudar de mi amor?

---

112 Jn 8, 28

¿Verdad que un crucifijo es el consuelo de tu vida y que una mirada hacia él te alcanza fortaleza, confianza, contrición y pureza?

Yo sabía todo esto, y con tal de que me conocieras, abracé las humillaciones, martirios y dolores, porque la voz de mi Sangre repercutiría en ti, te haría entender mi amor.

Con el arma de la cruz, vencí al mundo, es la única con que se asegura el triunfo y la victoria. Ama esa arma santa, bésala agradecido, que es el sello de mis escogidos; por ella los conoceré como Míos en el último día. La cruz es un tesoro con que merecerás el cielo.

No te entrañe que la virtud cueste, piensa sólo que *"mi yugo es suave y mi carga lijera"*.[113] No temas: Si me quieres conocer y seguir *"toma tu cruz"*,[114] *porque el sacrificio es la vida de los santos y Yo quiero que tú lo seas.*

Qué, ¿te estremece este camino hacia el Calvario?

---

113 Mt 11, 30

114 Cf. Mc 8, 34; Lc 9, 23

Yo estoy contigo en medio de la tribulación, y unido a Mí, nada es duro, sino todo fácil y agradable.

Véncete, que Yo seré tu fortaleza, piensa que sólo el que pelea alcanzará el premio, porque no puede haber victoria sin lucha, ni virtud sin sacrificio, *El reino de los cielos padece violencia*,[115] la medida de tu amor será la de tus sacrificios, porque éstos, y no las palabras, son los que prueban el amor.

Ejemplo te he dado; mírame en lo alto del Calvario y conoce la extensión de mi afecto. Yo no rehusé nunca ningún dolor y con toda generosidad di por ti la Sangre y la Vida; y si me dejé clavar en duro leño, fue en atención a ti, y que no dudaras de que soy Yo, al ver me perpetuar mi vida en los altares.

"Hijo, dame tu corazón",[116] porque lo he conquistado con mis dolores. ¿Me lo negarás? No, porque *me amas*: Yo lo sé.

---

115 Mt 11, 12

116 Pr 23, 26

Nadie es digno de Mí, pero el amor acorta las distancias.

ACCIÓN DE GRACIAS

Jesús, Tú mismo prometiste que cuando *estuvieras levantado de la tierra en la cruz todo lo atraerías a Ti.*[117]

Para que te conociera te crucificas; para perdonarme abres tu Corazón, y con tu Sangre y agua me lavas y purificas.

¿Cómo no te he de conocer en esa cruz, Jesús mío, si eres el único que así me he amado? Todo mi ser se conmueve al verte muerto por mí y más que por la fuerza del dolor, por la del amor.

Jesús, Redentor mío, te adoro. Yo te prometo subir a cualquier calvario con tal de que Tú estés conmigo. Vive en mí y toma posesión de mis potencias, sentimientos, afectos, sentidos, sangre, y cuanto soy para que puedas exclamar: *tú me amas y Yo te*

---

117 Cf. Jn 12, 32

amaré y mi Padre te amará y vendremos y haremos morada en ti.[118]

María, que, de pie junto a la cruz, estabas crucificada con tu divino Hijo, alcánzame la gracia de no descender jamás de la altura de mis cruces, para que en ellas me reconozca tu Jesús. Amén.

PENSAMIENTOS Y VIDA

Si Jesús nos crucifica con Él, es para transformarnos en Él por el amor.

A pesar de la intensidad de sus dolores en la cruz, Jesús solo manifestó dulzura, bondad, resignación y serenidad.

Las virtudes practicaremos hasta morir, porque *en la constancia está lo heroico.*

---

118 Cf. Jn 14, 23

COMPROMISO

Para abrazar la cruz de cada día tendré presente que es la Voluntad de mi amado Padre, a quien yo quiero complacer en unión de Jesús.

+ Señor, hoy te ofreceré muchos actos de mortificación para que se extienda el reinado de la Cruz, y todos te conozcan a Ti y amen a tu Iglesia.

+ Jesús crucificado, atrae a las familias hacia Ti para que sean fermento de amor en el mundo.

25

YO SOY

(Jn 18:5-8)

Jesús sale al encuentro de los que van a prenderle, viene al cobarde que siempre huye del dolor y de cualquiera cruz, para enseñarle la fuerza de la virtud y del amor que nada teme.

"Yo soy", contesté a la turba de soldados que en la noche de mi Pasión salieron a prenderme, haciéndolos caer en tierra. *"¿A quién buscan?"*, les dije, luego que los hube levantado; y me responden: *"A Jesús Nazareno"*. *"Yo les he dicho que Yo soy. Ahora bien, si me buscan a Mí, dejen ir a estos"*.[119] A Mí, préndenme, pero a mis discípulos, a los míos, no los toquen. Tal es mi amante Corazón.

Yo soy ese mismo Jesús, aunque en opuestas circunstancias, porque Yo sé que tú me buscas, no como verdugo, sino como hijo muy amante de la Eucaristía, me buscas como al Dueño de tu vida,

---

119 Jn 18, 7-8

para reparar el olvido de los ingratos y consolar mi Corazón lastimado por tantos crímenes.

Ven a Mí, que soy Yo el que vengo a pedirte tu amor, tu ternura, tu cariño y tus lagrimas, tus sentidos, pensamientos, dolores y un corazón puro en donde reclinar mi cabeza. Yo soy, que te amo hasta el punto de venir a ser tu diario alimento comunicándote mi propia substancia.

Yo soy el que *te amé y me entregué por ti*,[120] porque el verdadero amor no mide los calvarios, no pone condiciones, y se lanza con santo entusiasmo a los sacrificios por el Amado. Yo soy el que murió clavado en una cruz para comprarte el cielo, para expiar tus crimenes, haciéndome esclavo, pan, *"gusano no hombre"*.[121]

Yo soy el Verbo que me hice carne para probarte mi amor, para conmoverte hasta lo más íntimo, para oir hoy de tus labios un ¡te amo! ¡Hasta esa locura llegó mi infinito amor por ti!

---

120 Cf. Ga 2, 20

121 Sal 21, 7

Ven a probarme tu gratitud; a contarme tus aspiraciones, tus deseos y tus esperanzas, tus penas y cuanto te aflija para consolarte. *"Venid a Mí todos".* [122]

ACCIÓN DE GRACIAS

Jesús, Tú te entregaste a tus verdugos para que te despedazaran en mi favor, y yo, ¿cómo he pagado tu Sangre y tu Vida?
Señor, no me escondas tu rostro. [123]

Yo te amo, y te diré con San Pedro: *"Retírate de mí que soy un pecador".* [124] Pero ¿qué haría yo sin Ti, Dios mío?, que estás siempre pronto a perdonar, a hacerme el bien, hasta padecer por mí.
Quiero vivir cerca de tu Corazón eucarístico.

Reina del cielo, Madre Dolorosa, que presenciaste las humillaciones, afrentas y muerte de tu Jesús, dile al oido que mucho lo amo.

---

122 Mt 11, 28

123 Sal 142, 7

124 Lc 5, 8

PENSAMIENTOS Y VIDA

En la virtud y en el amor no se llega nunca al término. En la medida que crece el amor a Dios y a los hermanos, crece la entrega y el sacrificio.

COMPROMISO

Espíritu Santo, seré dócil a Ti que enseñas a amar como Jesús, hasta el extremo.

+ Señor, te ofreceré hoy muchos actos de mortificación por nuestro Santo Padre, el Papa, y los Cardenales.

+ Espíritu Santo, haz que en los hogares reine el verdadero amor que se prueba en el sacrificio.

26
¿TÚ ERES EL HIJO DE DIOS? YO SOY, TÚ LO HAS DICHO
(Mt 26:64)

Jesús, es Hijo de Dios hecho hombre por
amor, viene a quien Él ha escogido,
para decirle una vez más:
"Yo soy tu Jesús que
tanto te ama"

Aquella noche memorable de mi Pasión, estando en la casa de Caifás me dijo: *"Yo te conjuro por Dios vivo a que nos digas si tú eres el Cristo, el Hijo de Dios"*. *"Sí, tú lo has dicho, Yo soy"* -respondí- *"y aun les declaro, que a partir de ahora verán al Hijo del hombre sentado a la diestra del Padre y venir sobre las nubes del cielo"*.[125]

Dije la verdad, por la cual me jusgaron reo de muerte, me golpearon y me abofetearon sin compasión; pero quise enseñarte a *no mentir jamás*, aunque por decir la verdad te vieras

---

125 Mt 26, 63-64

despreciado, deshonrado y hasta digno de la pena capital, como lo hicieron conmigo mis enemigos. ¡No importa! Di siempre la verdad, ningún respeto humano te detenga, porque *"del que se averguenza de Mí delante los hombres, Yo me avergonzaré de él delante de mi Padre celestial"*.[126]

Abofeteado, hecho el desprecio y la escoria de los hombres, sin hermosura ni belleza el que *"es esplendor del Padre"*.[127] Y todo por tu amor, para ser tu maestro en las virtudes, para enseñarte el camino del cielo que quieres seguir.

¿Qué me dices? ¿No se conmueve tu corazón ante Dios, en cuyo rostro se miran los bienaventurados, escupido y desangrado por darte una lección que nunca debes olvidar? Ponte la mano en el pecho y piensa cómo has hecho traición a la verdad y te ha faltado valor para confesar mi Nombre. Que ya no sea así, antes morir mil veces que mentir, y siempre gloriarte de ser mi discípulo.

---

126 Mt 10, 33

127 Hb 1, 3

Al Misterio de Amor no te lleges sin amor, porque el amor se paga y *"a quien mucho ama se le perdona mucho"*.[128] Si te acusas, Dios te excusa, y te abrirá sus brazos y derramará en ti el bálsamo del perdón.

Pues así, contrito y humillado llega a mi altar, que mi Corazón palpita fuertemente por ir a tu lado. Ven, para poner mi Corazón junto a tu corazón.

ACCIÓN DE GRACIAS

"Tú eres el Cristo, el Hijo de Dios vivo",[129] sí, y lejos de jusgarte *reo de muerte*,[130] yo te digo que eres la Vida de mi vida, y con toda la ternura de que soy capaz quiero consolarte y decirte que mientras haya en mi corazón un latido, todo será para ti.

Mirame Tú con misericordia; tómame para siempre como cosa tuya; escóndete dentro de mi limpiándome de toda mancha que pueda lastimarte, y que tu fuego me penetre, y que tu luz

---

128 Cf. Lc 7, 47

129 Mt 16, 16

130 Mt 26, 66

me ilumine, y que tu Sangre me conforte, y que tu Corazón y tus virtudes sean las mías.

María, de quien tomó su hermosura el rostro de Jesús, mira cómo lo han puesto mis pecados. Madre mía, prométele de mi parte que mejor morir antes que desconocerlo u ofenderlo. Amén.

PENSAMIENTOS Y VIDA

No deprecias las faltas leves, que de lo poco se va a lo mucho.

No te fíes de ti, ni por fuerte, ni por santo, ni por sabio; quita la ocasión y quitarás el pecado.

COMPROMISO

Jesús crucificado, no me dejaré vencer por el respeto humano, gloriándome en ser tu discípulo.

+ Señor Jesús, te ofreceré hoy muchos actos de mortificación por los que te niegan y te persiguen.

+ Jesús, concede a las familias que son perseguidas por tu Nombre, la fortaleza de proclamar su fe.

27

¿ERES TÚ REY?
SÍ, TÚ LO HAS DICHO, YO SOY REY
(Mt 27:11)

Jesús, Rey del cielo, de la tierra
y de todo cuanto existe,
viene al ingrato para
perdonarle y decirle
cuánto le
ama.

"Yo soy Rey, tú lo has dicho" afirmé con verdad a Pilatos cuando él me dijo: *"¿Conque Tú eres rey?"*

Y, ciertamente, Yo soy rey universal, pero mi corona en el mundo quise que fuera de espinas, y sólo admití ese título a mi paso por la tierra *¡en un tribunal humillante, y clavado en una Cruz!* Así fue público mi reinado, para enseñarte que sólo debe reinar un cristiano en lo alto de sus calvarios.

Este título me ocasionó burlas y sarcasmos de mis

enemigos. *"Dios te salve, Rey de los Judios"*,[131] decían mofándose de la Majestad eterna y hecho la burla de los hombres por tu amor, con un pedazo de púrpura y caña por cetro, me escupian y abofeteaban.

Pilatos, todavia al dar la sentencia de muerte, dije: *"He aquí su Rey"*, *"Quítalo, crucifícalo"* -escuchaban mis oidos, y la ingratitud me destrozaba el Corazón-. Pero insistió Pilatos: *"He de crucificar a su Rey?"* *"No tenemos más rey que al Cesar"*; *"caiga su sangre sobre nosotros y sobre nuestros hijos"*.[132] -respondieron-.

Esa Sangre preciosa cae hoy sobre ti, tu Rey la derrama con toda su voluntad para lavarte y apagar tu sed.

En cada Misa, en cada instante, la divina Víctima se inclinará gustosa hasta el fin de los siglos por uno solo, por ti, si sólo tú vivieras, porque mi amor es infinito y más grande que todos los crímenes del mundo.

---

131 Mt 27, 29

132 Jn 19, 14-15; Mt 27, 25

Así sabe amar tu Rey; así sabe sacrificarse por sus hijos. *"Ya no os llamaré siervo, sino amigos"*.[133] y *"no vine a ser servido, sino a servir"*,[134] dije. Yo soy Jesús Nazareno, rey de paz y de amor, rey que me coroné de espinas el día de mis desposorios con la Iglesia, que es la alegría de mi Corazón. Mi trono fue la cruz, y mi ley, *¡la ley del amor!*

Mira, soy Yo el que contemplas en la Eucaristía, soy Rey y te llevo retratado dentro de Mí y anhelo darme a ti. Acércate, pues, a tu Rey celestial crucificado, abrele tu corazón, que Él quiere elevarte, engrandecerte y divinizarte. Ven, para enseñarte la humildad, la sencillez y la caridad.

ACCIÓN DE GRACIAS

Rey misericordioso, que te das todo a todos, y todo a cada uno, con tus riquesas celestiales en la Eucaristía. Yo te amo con todo mi corazón, y quisiera arder en fuego de mil volcanes en tu honor.

---

133 Jn 15, 15

134 Mt 20, 28

"El reino de Dios dentro de ustedes está",[135] dijiste un día, y hoy, no sólo siento ese reino dentro de mí, sino al Rey que gobierna con amor.

Madre y Reina, quiero reconocer a Jesús, como el buen ladron, arrepentido y humillado, lo reconoció por Rey; lo ve moribundo, y le pide la vida, lo ve crucificado, y quiere que lo lleve a su Reino; sus ojos no perciben más que cruces, y su fe le señala el triunfo; lo ve morir, y no duda en poner en Jesús-Rey toda su confianza.

PENSAMIENTOS Y VIDA

La cruz es el campo de batalla del amor divino; y la más grande victoria es la de vencerse a uno mismo.

"Nunca estoy mejor que cuando no estoy bien", decía San Francisco de Sales.

---

135 Lc 17, 21

COMPROMISO

Padre, como Jesús, mi felicidad en la tierra está en amarte y sacrificarme por Ti.

+ Jesús, te obsequiaré hoy con muchos actos de dominio propio en favor de los reyes, gobernantes de la tierra y por el Santo Padre, nuestro Pontífice.

+ Jesus, que las familias proclamen con su vida que Tú eres su Rey y Señor.

28

LA PAZ SEA CON USTEDES... SOY YO

(Lk 24:36-39)

*Jesús, El Rey de la paz, el que conquistó
el cielo con su preciosa Sangre,
viene al débil en la fe, para
consolarlo, levantarle el
corazón y llenarlo con
las riquesas de la paz
del Espíritu Santo.*

Conversaban mis discípulos acerca de Mí, después de mi Resurrección , cuando, apareciéndome de repente en medio de ellos les dije: *"Yo soy, no teman, la paz sea con ustedes"*.[136]

Yo soy el mismo Jesús que te habla, hoy, en la Eucaristía y vengo a traer la paz a tu corazón. Mírame y con fe descubre como *Yo soy el Salvador*, que viene a traerte su paz, la paz de los hijos de Dios, que no es la del mundo, sino la que consiste

---

136 Lc 24, 36-38

en el vencimiento de las pasiones, porque mi paz es la victoria   alcanzada por la caridad en la cruz.

La verdadera paz es la tranquilidad de un corazón que se posee a sí mismo, sin turbarse ni precipitarse.

La paz es la dulce libertad del espíritu, haciéndolo todo sin inquietud.

La paz es la serenidad moderada y tranquila sin lentitud, pronta sin agitación.

La paz es el fruto del Espíritu Santo que yo comunico a quienes me aman; es tesoro inapreciable, don de Dios, rocio celestial derramado en los corazones puros. Soy el Dios de la paz, abre tu ser y no temas.

Muchas veces me has conocido *"en la fracción del pan"*,[137] como mis discípulos de Emaús; te has gozado en hablar de Mí, recordándome en tus conversaciones; pues Yo sé recompensar el menor acto de amor; te doy mi paz, y estoy pronto a llevarla al fondo de tu corazón.

---

137 Lc 24, 35

Recuerda que, si hay *pureza de corazón*, hay paz; que *sin caridad hacia el prójimo* la paz no puede existir, y que *sin mortificación propia* será pasajera y falsa. Practica, pues estas virtudes; arráigalas en ti y la paz será contigo y hallarás tu alegría en la plenitud del gozo espiritual.

ACCIÓN DE GRACIAS

Dios de paz, que tantas maravillas haces en el corazón que te ama. *¿Quién eres Tú y quién soy yo?* Transforma este gusanito de la tierra, Señor mío, con el fuego que me inflama al contemplarte.

Jesús, tu caridad te llevó a morir por mí entre mil espantosos tormentos, y ahora vienes después de resucitado a traerme la paz, a infundirme confianza, diciéndome que *no tema*, que piensas en mis necesidades y que vas a remediarlas. ¡Tú me amas, buen Jesús, hasta la locura! Tú no tienes en cuenta los extremos de mi ingratitud, y te compadeces en manifestarme tu misericordia y bondad.

Dame, Señor, la contricción de mis pecados, la abnegación del sacrificio, y un corazón puro, humilde y paciente para con los que me rodean. Con estas virtudes tendré la paz y con ella a Ti, de quien jamás quiero apartarme.

María, tú que eres la Reina de la paz, enséñame a amarlo con tu mismo fuego, y dile que la medida de mi amor será amarlo sin medida. Amén.

PENSAMIENTOS Y VIDA

La fe es el amor que cree.
La esperanza, el amor que espera.
La adoración, el amor que se postra.
La oración, el amor que pide.
La misericordia, el amor que perdona.
La caridad, el amor que se sacrifica.
La mortificación, el amor que se inmola.

Hagamos esto y tendremos paz.

Diré con San Agustín "¿Por qué no dispongo de un amor infinito para amar a un infinito Amor?"

COMPROMISO

Corazón de Jesús, dame tu paz, para que mi ocupación constante sea amar, abismándome en Ti.

+ Señor, te ofreceré hoy muchos actos de generosidad para que todos los gobiernos busquen el bien de sus ciudadanos,

+ Señor Jesús, que todos los hogares gocen de tu paz.

29
MIREN MIS MANOS Y MIS PIES;
SOY YO MISMO
(Lk 24:39)

Jesús enseña sus benditas llagas a quien
no cree si no ve y toca, viene para
decirle que sólo puede
conocerlo por medio
del amor y del
dolor.

"Miren mis manos y mis pies; soy Yo mismo", dije a mis discípulos en una de mis apariciones después de la Resurrección; porque ellos, atónitos y atemorizados, se imaginaban ver un fantasma; y, porque estaban como fuera de sí, sin acabar de creer lo que veían, me adelanté a pedirles de comer.

Si quieres conocerme busca mis manos y mis pies, es decir, mis llagas, las cuales luego te mostrarán que soy Yo. Ese es el testimonio de mi amor, la seña inequívoca para saber si soy tu Jesús, la marca del dolor. Mira mis manos y mis pies taladrados, más que por los clavos de hierro, por tus ingratitudes.

¡Cuántas pasos dieron estos pies por encontrarte y cuántas bendiciones has recibido de mis manos que sólo se han ocupado en derramar sobre ti beneficios! No ya con diluvios de fuego,[138] sino con halagos de paz y de amor quise conquistar tu corazón para darte vida, *no matando, sino muriendo, no derramando tu sangre, sino la mía* en la cruz y en los altares. El fuego que hoy consume mi Corazón no es el de la venganza, sino el de una caridad infinita, y más puedo Yo perdonarte que tú pecar. *"Acércate a Jesús Mediador de la nueva alianza que te purifica con su Sangre"*.[139]

A mis discípulos Yo les pedí de comer, pero a ti te doy mi misma Sangre en la Eucaristía ¿Es esto amor? ¿Qué me das tú en cambio del exceso de mis bondades? *Mi carne es verdaderamente comida.*[140]

Ya me conoces, ya has contemplado mis manos y mis pies. ¿No sientes, no ves, que Yo soy el que te

---

138 Cf. Hb 12, 18-23

139 Hb 12, 24

140 Jn 6, 55

llama para calmar los infinitos anhelos de tu corazón? Yo te amé y me entregué por ti a toda clase de dolores y tormentos; pero mírame, que, triunfante y victorioso de la muerte, vengo también a ti, para que estudiándome sepas quien soy y conociéndome ames a tu Jesús.

"Mi Padre es el que te da el verdadero Pan del cielo",[141] el Pan eucarístico preparado hasta el fin de los tiempos para la salvación de todos.

Ven acércate con humildad, con una confianza ilimitada. Ven para hacerte feliz.

ACCIÓN DE GRACIAS

Mi buen Jesús, con tus manos agujereadas entre las mías, contemplando admirado las ternuras de tu Corazón. Quiero estudiarte, Jesús, en tu infinita caridad para conmigo. Eres Tú, me lleno de gozo al verte cerca de mí, al percibir tu pureza y tus virtudes. Quieres darme tu Cuerpo, tu Sangre y tu Corazón con todos sus latidos; quieres morir

---

141 Jn 6, 32

millones de veces en los altares, para darme la vida, y todo le parece poco a tu amor, con tal de conquistarme.

¿Con qué pagaré tus infinitos beneficios? *Negándome a mi mismo y tomando mi cruz con amor para seguirte.*[142] Con tu gracia no temeré, Señor, si me has manifestado *"tu amor hasta el extremo"*.[143] ¿Cuándo se agotarán mis merecimientos, si son las tuyos? Mi amado Jesús, recibeme en este hora con cuanto soy y tengo. Tómame, que soy tuyo para siempre.

Madre del que es mi amor, crucificada y llagada en el corazón con las heridas de tu divino Hijo, dile que Él es mi vida, que le amo y que quiero formar mi morada dentro de su Corazón de Fuego, Amén.

PENSAMIENTOS Y VIDA

Miré a mi Salvador traspasado con los clavos, lo contemplé con amor, y hallé que la mortificación *era Él, el sufrimiento era Él, y que el amor era Él, y*

---

142 Cf. Mt 16, 24; Mc 8, 34; Lc 9, 23

143 Cf. Jn 13, 1

entonces se realizó una transformación en mí y todo me pareció divino.

¿Qué importan todos los padecimientos con tal de poseer a Jesús? Busquémosle con ardor, pero allá en donde Él quire ser buscado, en lo alto de la cruz.

COMPROMISO

¡Amarte, Jesús, es imitarte, e imitarte es amar y sufrir!

+ Señor, te ofreceré hoy muchos actos de sacrificio por la propagación del Apostolado de la Cruz.

+ Jesús, que nos has amado hasta el extremo, haz que las familias de todo el mundo experimenten amor y correspondan a él.

30
YO SOY JESÚS A QUIEN PERSIGUES
(Hch 9:5)

*Jesús perseguido quiere perdonar, viene
al que ha pecado y se arrepiente
de sus culpas, para enseñarle
a amar y a acoger su
salvación.*

"Yo soy Jesús a quien persigues",[144] contesté a San Pablo cuando, cegado por el resplandor del cielo, al ir a Damasco, cayo en tierra; y asombrado al oir su nombre, me preguntó: *"Quién eres tú, Señor?"* En el instante que escuchó quien era Yo, replicó: *"¿Qué quieres que haga?"* qué bello ejemplo de correspondencia inmediata te señalo hoy.

También a ti te he circundado de resplandores de cielo, al hacerte contemplar mi doctrina. También muchas veces has caido a mis pies contrito y humillado al ver tus pecados e ingratitudes. Has escuchado en el fondo de tu ser mi voz que te ha dicho: Mira, tu me persigues siendo soberbio,

---

144 Hch 9, 5

sensual, envidioso, murmurador, avariento, perezoso, colérico, etc.

Esas actitudes hieren al prójimo, te lastiman a ti y a mi Corazón, cuya esencia es la caridad.

¿Por qué me persigues en tus hermanos? ¿Por qué me persigues rechazando el mandamiento del amor? ¿Qué te he hecho, sino beneficios? ¿Por qué me desprecias y te averguenzas ante los hombres de pertenecerme? Por qué la ambición, el odio y la venganza, la indiferencia y tantas cosas, que sólo túv y Yo sabemos, lastiman mi Corazón, cuyo único crimen es el de amarte?

¿Por qué me espinas con tus tibiezas?; ¿Por qué me desechas con tus respetos humanos? ¿Por qué prefieres la tentación a mi gracia? ¿Por qué te buscas a ti mismo, te detienes en propias complacencias, empañas tu ser con la vanagloria y me crucificas con tus malos ejemplos? ¿Por qué me persigues? ¿Por qué?

¿Qué he podido hacer por ti que no lo haya hecho? ¿No te he dado el ser, el alimento, la alegría, la salud, los dones naturales, los dones de la gracia, los de la gloria, la Redención, los Sacramentos y mi Sangre y mi Cuerpo en la Eucaristía para que borren todos tus pecados? ¿Por qué, entonces, ese lujo de ingratitudes para con este Corazón amante que se dejó traspasar por ti?

Mi vida, mis méritos y mi muerte fueron por ti; y mi gloria, mis eternos premios serán para ti. ¿Verdad que ya no me persiguirás en adelante?

Así lo deseo, hijito, a quien cubro de perdones y misericordias. Basta un acto, por breve que sea, de sincero arrepentimiento, para que Yo olvide cien años de persecución y de horrendos crímenes. Soy el Dios de amor y estoy más pronto a perdonarte, que una madre a librar del fuego a su hijo. No temas, y acércate con entera confianza. Si te he enumerado tus pecados, ha sido para cubrirlos después con misericordias mías y lavarlos con mi Sangre.

Ven, pués, oveja descarriada, que soy tu Padre, que soy tu Pastor, que soy tu Jesús a quien has perseguido, pero a quien amarás de hoy en adelante con todas tus fuerzas. Ven arrepentido a Mí.

ACCIÓN DE GRACIAS

Jesús, abre mis ojos como los de Saulo y dame un guía que dirija mi vida. Enséñame la ley del amor; desde el fondo de mi miseria, te digo, lleno de confianza en Ti: Señor, *¿qué quieres que haga?*

Maestro bueno, enséñame tus caminos. *"Crea en mí un corazón puro, y renueva cada día en mis entrañas un espíritu que me lleve a Ti"*.[145]

Me pongo en tus manos, como pobre intrumento, lleno de celo y ardor para extender tu Nombre, para hacer que el mundo te conozca, para anunciarte a todos los corazones, para dar mi sangre y mi vida por Ti.

Por mucho que yo pecara, infinitamente mayores serán tus perdones. Quiero glorificarte, aun cuando tengo que padecer, que, como a San Pablo, *me hagas ver todos los trabajos que he de padecer en tu*

---

145 Sal 50, 12

Nombre.[146] ¿Qué me importaría, si quiero reparar mis faltas; si quiero predicar con mi ejemplo la cruz?

"Estoy cru.cificado para el mundo y el mundo está para mí". *"No quiero gloríame en otra cosa sino en la cruz de mi Señor Jesucristo".*[147] *"Quiero sobreabundar en gozo en mediode las penas, persecuciones y tormentos dde cualquier género, que todo lo podré en Aquel que me conforta".* [148]

"Qué me pondrá apartar jamás de la caridad de Jesucristo?, -te repetiré con tu Apóstol- ni el hambre ni la sed, ni la espada, ni la vida, ni la muerte, serán capaces de apartarme de Ti". [149] Dame tu amor *"que la caridad lo es todo y a pesar de que tuviera todas las virtudes y por más que pudiera cambiar los montes, si no tuviera caridad, nada sería".*[150]

---

146 Cf. Hch 9, 16

147 Ga 6, 14

148 Flp 4, 12-13

149 Rm 8, 35

150 Cf. 1 Co 13, 2

Jesús, dame el fuego que inflamó a San Pablo, para que te ame y te haga amar, hasta dar la sangre y la vida por Ti.

María, refugio de pecadores, vaso precioso de elección como lo fue San Pablo, Madre mía, dame ese amor más poderoso que la muerte; que me consuma viviendo sólo de Jesús, para poder decir con verdad: "Mi vivir es Cristo",[151] "ya no yo, sino Cristo en mí"

PENSAMIENTOS Y VIDA

Ser nada, ser mucho, ser poco; mandar, obedecer; gozar o estar abrumado de trabajos; estar solo o en compania; descubrir un largo camino delante de mí, o no ver más que el espacio preciso para poner el pie; estar consolado o en la aridez; vivr mucho o morir en seguida; todo será para mí igualmente aceptado, en conformidad con la voluntad de Dios.

---

151 Flp 1, 21

COMPROMISO

Padre, seré de hoy más un viviente a tus disposiciones, un amén a tu Voluntad. Todo lo aceptaré en expiación de mis pecados, estando pronto a tu correspondencia amorosa.

+ Señor, *¿qué quieres que haga?*, en favor de nuestro Santo Padre, los Cardenales, Arzobispos, Obispos y Sacerdotes Diocesanos, misioneros y Laicos comprometidos.

+ Señor Jesús, que cada uno de los miembros de nuestras familias tengan un encuentro vivo Contigo.

31

Y TU, ¿QUIÉN DICES QUE SOY YO?
(Mt 16:15)

Jesús busca a sus criaturas, viene a
quien se conmueve con sus
ternuras infinitas, para
gozarse en oir de
sus labios
quien es
Él.

"¿Quién dicen los hombres que soy Yo? Y ustedes, ¿quién dicen que soy?" Preguntaba un día así confidencialmente a mis discípulos, y Pedro, respondiendo por todos, me dijo: *"Tú eres el Cristo, el Hijo de Dios vivo"*.[152]

Hoy, es este día de intimidad contigo, en que me escuchas, repiten mis labios a tu oido esta misma pregunta: Y tú *¿quién dices que soy Yo?* Habla, que quiero escuchar, quiero oir y saber qué piensas de Mí. Dime tus impresiones.

---

152 Mt 16, 16

Una sola cosa es necesaria para Mí: *el amor, el amor y sólo el amor*. Si me amas, me habrás conocido, estudiado, retratado en tu corazón, comido y bebido en la Eucaristía.

Los que me aman, me conocerían entre mil mundos, si los hubiera, porque ellos son los que en cualquiera circunstancia de la vida dicen, admirados: *"Es el Señor"*,[153] y en todos los acontecimientos, prósperos o adversos levantan hacia Mí las miradas de su fe y adoran mi voluntad siempre amable.

Dime lo que sabes de Mí, lo que cuentas a otros, tus deseos por amarme, tu celo porque otros me amen, lo que sientes, lo que piensas, lo que crees, lo que no alcanzas a contemplar.

¿Quién dices tú que soy Yo? Responde, que ya miro tus lágrimas. Dime quién he sido para ti, pobre gusanito de la tierra, quien soy, quién seré, si me eres fiel.

Contéstame: *¿Quién dices tú que soy Yo?*

---

153 Cf. Jn 21, 7

ACCIÓN DE GRACIAS

Señor, ¿quién digo que eres Tú?: El Dios de mi corazón y mi herencia eterna, el Infinito, el Verbo hecho carne, el Salvador de mi vida, el Jesús de mis amores, de mis alegrías, de mis esperanzas, y el tesoro único de mi corazón.

Eres, Señor, el calor de mi existencia, la luz de mis ojos, el aliento de mi boca, el fuego de mi corazón, el palpitación de todo mi ser. Eres mi ideal realizado, a quien amo con todos los títulos de ternura que pueden existir, como a padre, como a madre, como a hermano, como a esposo, como a amigo, como a todos los madres a sus hijos, con tu mismo fuego, y millones de veces en cada respiración y latido, y en cada instante multiplicado hasta el infinito.

Ayúdame a expresar que eres el único digno de todos los amores, el soberano, el tres veces santo, que se anonadó porque quiso. El Jesús del pesebre, del destierro, de Nazaret, del Jordán, del Tabor; el de los milagros, del Cenáculo, del Huerto, de los azotes, de los improperios, de las espinas, de la Cruz, de la Resurrección, de Emaús, de la Ascensión, el Jesús de la Eucaristía, ¡Mi Dios y Señor, todo abnegación y amor!

Tú eres modestia, humildad, pureza, silencio, martirio, obediencia, amor, y en esta palabra se condensa todo.

Yo quisiera decir algo y nada digo; porque tus agonías y tus triunfos, tus ejemplos y virtudes se saben sentir, pero no explicar.

Jesús, Tú eres... más ¿para qué balbucear lo que Tú eres? Tú mismo con tus labios humanos nos has dicho en tu santo Evangelio lo que eres Tú. Por eso cada vez que me pregunte: *"¿Quién es Él?"* Contestaré lo mismo que voy ahora a contestar a Ti; con tu misma voz te respondo, trasladando aquí alguno de los hermosos títulos que están en el Evangelio.

¿Quién dices que soy Yo? Eres el buen Pastor; la Vid, el Pan de vida, el Camino, la Verdad y la Vida, el que habla contigo (Samaritana); eres el Hijo de Dios, la

Resurrección y la Vida, el Principio de todas las cosas, la Luz del mundo, la Puerta pòr donde se entra a la salvación, Rey; Jesús a quien los hombres persiguen, quien nos a elegido a nosotros, Maestro; quien está en el Padre y en quien el Padre está; de allá arriba y yo de acá abajo, el Mesías, que, sentado a la diestra de la majestad de Dios, vendrás sobre las nubes del cielo, la verdadera Vid y tu Padre el Viñador, Tú mismo que nos enseñas tus pies y tus manos agujereadas, el que crucificado en alto hemos conocido por Salvador, eres el que es. ¿Quién podrá, Señor, decir más? Si no creemos ser lo que *Tú eres*, moriremos en nuestro pecado.

¿Verdad que todo eso eres? Tú eres el que me transformas, me limpias y purificas por la contrición, y me llenas de amor. Tú eres quien caminas conmigo en mis calvarios, haciéndome fácil y deseable la cruz. Gracias, Jesús, te digo lleno de santo fuego.

María, que conociste todos los latidos, movimientos y quereres de Jesús. Tú que llevaste grabados su fisonomía y sus virtudes en ti. Eso te pido hoy, que me alcances *la pureza de corazón* que refleja a Jesús, para verlo siempre. ¡Bienaventurados *los limpios de corazón, porque ellos verán a Dios!*[154]

PENSAMIENTOS Y VIDA

"Vengan, benditos de mi Padre, porque yo tuve hambre y me dieron de comer; tuve sed y me dieron de beber; era peregrino y me hospedaron; estuve desnudo y me cubrieron; encarcelado y vinieron a verme y consolarme".[155] *Pero, ¿Cuándo fue esto? "En verdad les digo, siempre que lo hicieron con alguno de éstos mis más pequeños hermanos, Conmigo lo hicieron".*[156]

Ésta es la manera práctica de mostrar hoy nuestro amor *al mismo Jesús.* La limosna no empobrece, y Él bendice más la misericordia que el sacrificio.

---

154 Mt 5, 8

155 Mt 25, 34-36

156 Mt 25, 40

COMPROMISO

Jesús, veré tu nombre en la frente de los pobres; y con tu amor los socorreré sin vacilar. Cuando se quiere, se puede.

¿Qué hace usted para mantener a tan numerosa familia?, preguntaban a una madre. Y ella contestó, sonriendo: *¡Amar!* Cuando se ama no se cuenta.

En los pobres está Jesús, *¡Es Él!*, *adorémoslo*, y con un amor puro recibámoslo todos los días de nuestro vida en la santa Comunión.

+ Espíritu Santo, inflama en tu amor a los sacerdotes y a las familias.

+ María, en tu corazón de Madre está la vida de los sacerdotes y de las familias, intercede por todos.

FIN

Notas de "Sobre la Autora del Libro"

i   P. ÁNGEL PEÑA O.A.R., CONCEPCIÓN CABRERA DE ARMIDA Y LAS OBRAS DE LA CRUZ (http://libroscatolicos.org/libros/mariaysantos/concepcion_cabrera.)

ii   https://ia601701.us.archive.org/4/items/los-dones-del-espiritu-santo-m.-m.-philipon-parte-1/Conchita%2C%20Diario%20Espiritual%20de%20una%20madre%20de%20Familia%20-%20Marie-Michel%20Philipon.pdf, 83

iii   Ibid. 98

iv   https://40horas.org/concepcion-cabrera-de-armida-modelo-de-esposa-y-de-madre/

v   Concepción Cabrera, El Interior del Corazón de Jesús; Ejercicios Espirituales (Ediciones Cimiento, 1929), 129

vi   P. ÁNGEL PEÑA O.A.R., 37

vii   Ibid. 22

viii   https://ia601701.us.archive.org/, 46

ix   Ibid. 51

x   https://files.ecatholic.com/36886/documents/2024/8/Vida-y-Espiritualidad-FelixDeJesus.pdf?t=1723660264000, 2

xi   Ibid.

xii   Ibid. 3

xiii   Ibid. 24

Notas de "Sobre la Autora del Libro"

xiv https://ia601701.us.archive.org/, 56

xv   Ibid.

xvi Ibid.

xvii Ibid. 59

xviii Cuenta de Conciencia, 1° Ene al 30 abril 1908, vol. 29, 44

xix https://ia601701.us.archive.org/, 62

xx   Ibid. 63

xxi Ibid. 64

xxii Ibid. 74

xxiii Ibid. 85

xxiv Ibid.

xxv El Tercer Amor, Ejercicios Espirituales, Ediciones Cimiento, (1931 – 1932), 86

xxvi Cf. Mt 14,29
xxvii Mt 14,28
xxviii Cf. Lc 7,47
xxix Sal 50,12
xxx Cf. Sal 24,2